U0721669

XINSHIDAI GAOXIAO JIAOXUE GUANLI CHUANGXIN YU FAZHAN

新时代高校教学管理

创新与发展

◎ 孙一东 郭子涵 著

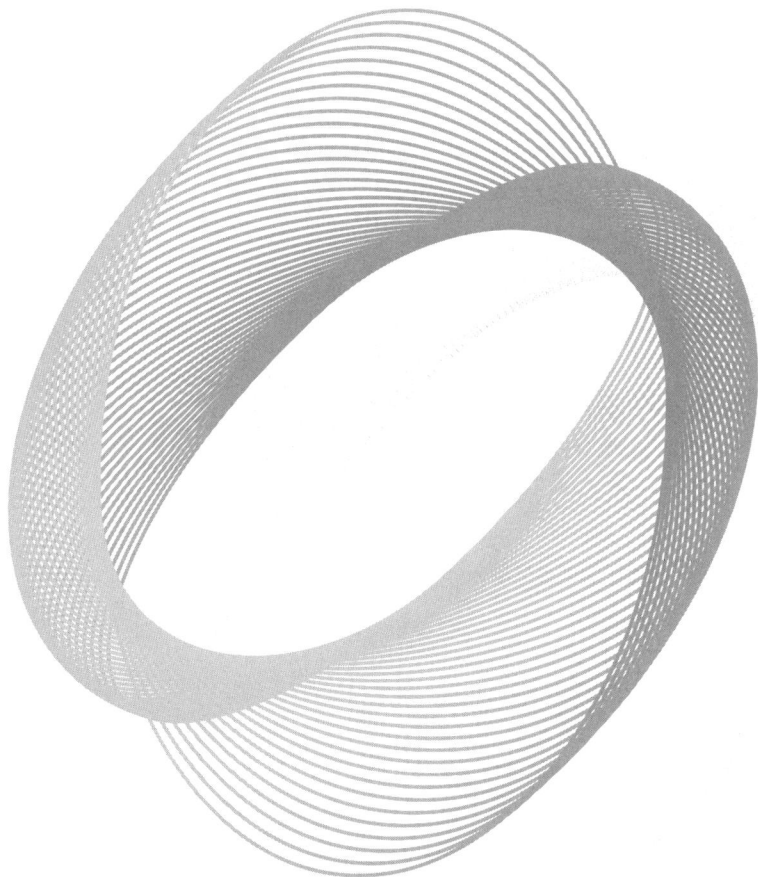

东华大学出版社

·上海·

图书在版编目（CIP）数据

新时代高校教学管理创新与发展 / 孙一东，郭子涵
著 . -- 上海：东华大学出版社，2025. 2. -- ISBN 978-
7-5669-2523-7

Ⅰ. G647.3

中国国家版本馆 CIP 数据核字第 2025UX3079 号

责任编辑：洪正琳
封面设计：魏依东
装帧设计：上海碧悦制版有限公司

新时代高校教学管理创新与发展
XINSHIDAI GAOXIAO JIAOXUE GUANLI CHUANGXIN YU FAZHAN

著　者：孙一东　郭子涵
出　版：东华大学出版社（上海市延安西路 1882 号　邮政编码：200051）
本社网址：dhupress.dhu.edu.cn/
天猫旗舰店：http://dhdx.tmall.com
营销中心：021-62193056　62373056　62379558
印　刷：上海光扬印务有限公司
开　本：787mm×1092mm　1/16
印　张：10.75
字　数：242 千字
版　次：2025 年 2 月第 1 版
印　次：2025 年 2 月第 1 次印刷
书　号：ISBN 978-7-5669-2523-7
定　价：68.00 元

前言一

从事高校基层教学管理工作近十年，回首过往，感叹的不仅是时间的悄然流逝，更是一路走来所收获的宝贵经验与深刻感悟。曾经的懵懂与迷茫，在岁月的洗礼中渐渐消散，取而代之的是对工作的理解与执着。

还记得初做教务秘书时，眼中的教学管理工作，是一份按部就班、遵循既定规则和流程的事务性工作，烦琐且无新意。面对复杂的工作日常，我也常常感到手足无措、困顿迷茫。课程安排的冲突、教学资源的分配不均、师生之间的沟通障碍，每一个细小的问题都像是一座难以逾越的山峰，让我倍感压力。然而，也正是这些看似无法解决的难题，激发了我内心的斗志，促使我不断学习、探索和尝试。

岁月推移、工作常新，伴随工作中的不断摸索、不断碰壁、不断反思，我逐渐领悟到，高校教学管理工作远非简单与机械。它是一幅由无数细微而又关键的环节交织而成的绚丽画卷，每一个环节都承载着重大的责任和使命。

近十年的工作经历中，我见证了高校教学管理工作的不断变革与发展。从传统的手工操作到信息化管理系统的广泛应用，从单一的教学模式到多元化的教学方法的探索与实践，从注重知识传授到关注学生综合素质培养的理念转变，每一次的变革都给我们的工作带来了新的挑战和机遇。在这一系列的变革中，我深刻地感受到，作为高校基层教学管理工作者，我们不能故步自封、因循守旧，而要与时俱进、勇于创新。我们要不断学习新的知识和技能，更新自己的管理理念和方法，以适应时代的发展和教育改革的要求。同时，我们也要积极倾听师生的声音，关注他们的需求和诉求，以服务为宗旨，努力为教学工作提供更加优质、高效的管理和支持。

那些曾经的迷茫与困惑、汗水与泪水，如今都已化作我前行道路上的宝贵财富。它们让我深刻地认识到，高校教学管理工作并非孤立的、静态的，而是一个动态的、系统的工程。它涉及学校的各个层面、各个环节，需要与教学、科研、学生工作等各个部门紧密配合、协同推进。它不仅需要我们具备扎实的专业知识和丰富的实践经验，更需要我们拥有敏锐的洞察力、创新的思维和勇于担当的精神。

正是基于这样的思考和感悟，我萌生出了撰写这本专著的想法。我希望能够将自己近十年的工作经验和思考进行总结和梳理，与广大的高校教学管理人员分享交流。我深知，在这个庞大的群体中，每一位同仁都有着自己独特的经历和见解，都在为高校教学管理工作默默地奉献着自己的智慧和力量。我希望通过这本书，能够为大家提供一个交流和探讨的平台，共同探索新时代高校教学管理的创新与发展之路。同时，我也希望它能够引发大家对教学管理工作的深入思考，激发大家的创新意识和工作热情，共同为提升高校教学管理水平、提高人才培养质量贡献自己的一份力量。

最后，我要感谢在我工作中给予我支持和帮助的领导、同事和朋友们，是你们的鼓励和陪伴让我在这条道路上走得更加坚定和自信。让我们携手共进，共同开创高校教学管理工作的美好未来！

孙一东

2024 年 11 月于苏州

前言二

在这个知识信息爆炸、技术日新月异的时代，教育领域正经历着前所未有的变革。作为一名长期耕耘在教学管理一线的工作者，我有幸见证了教育领域的这些变化，并亲身参与其中。在职业生涯的前七年，我担任教务秘书，负责日常的教学管理工作；随后的三年，我转入教师发展中心，专注于教师的专业成长与发展。这两个阶段的经历，让我对教学管理与教学创新有了更深刻的理解和认识。

在担任教务秘书的七年里，我深刻体会到教学管理工作的复杂性和挑战性。

从课程安排、教学资源分配到师生沟通协调，每一项工作都需要细致入微地关注和精心地规划。这些经历让我认识到，教学管理不仅仅是事务性工作，更是一项需要创新和智慧的艺术。它要求我们不仅要有扎实的专业知识，还要有敏锐的洞察力和创新的思维。

转入教师发展中心后，我的工作重心转向了教师的专业发展。在这里，我更加深刻地理解到，教师是教育变革的推动者，他们的专业成长直接关系到教学质量的提升和教育创新的实现。我开始探索如何通过培训、研讨和实践，激发教师的教学热情，提升他们的教学能力，以及如何通过教学创新来提高教育的质量和效果。

和本书的另一作者一样，她对教学管理的迷思和困惑我也经历过，所以，当昔日的"战友"向我提议共创此书时，我第一时间就答应下来，希望能为教学管理和教学创新提供一些多元化的视角。

在阅读此书的过程中，我们鼓励各位读者保持开放的心态，勇于尝试新的方法，并在实践中不断反思和调整。我们也希望各位读者能够提供宝贵的反馈意见，以便我们在未来的版本中不断改进和完善。教学管理的创

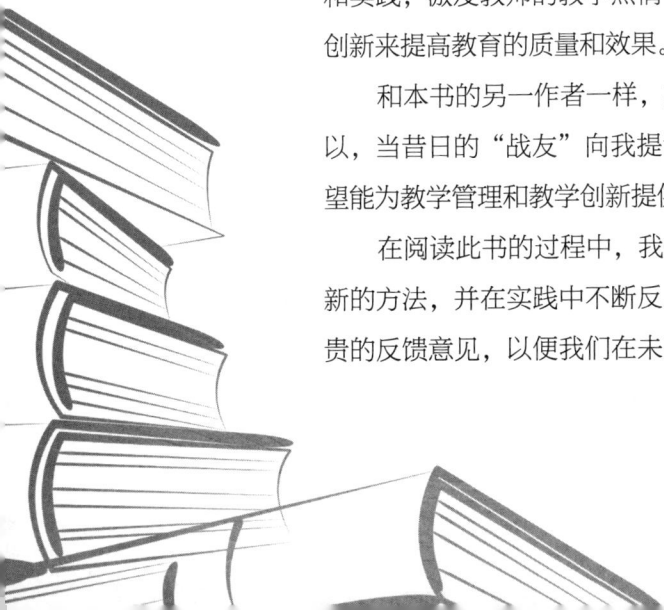

新之路没有终点，每一步都是新的开始。让我们一起开启这段教学管理创新的旅程，探索教育的无限可能。

谨以此书，献给所有致力于教育事业的同仁们！

郭子涵

2024 年 11 月于苏州

目　录

第一章 高校教学管理概述

高等教育管理体系是一个由多个互相关联且复杂的子系统组成的整体。其中，教学管理是高校的核心职能之一，在教育体系和高校运营中占据着重要地位，它直接关系到教学质量和学生的学习成效，影响着学校的整体声誉与发展。

一、高校教学管理概念界定

学校教育的出现，使得教学管理成为学校教育活动中的一项重要内容。中国古代的《学记》是世界上最早系统论述教育的专著，作为一种古代教育哲学的体现，其内含丰富的教学管理理念。中国古代还有很多教育方面的论述，"大学之教也，时教必有正业，退息必有居学。不学操缦，不能安弦；不学博依，不能安诗；不学杂服，不能安礼。不兴其艺，不能乐学。故君子之于学也，藏焉修焉，息焉游焉。夫然，故安其学而亲其师，乐其友而信其道，是以虽离师辅而不反也"指出教育的原则是不仅要有规范（礼），还要有愉悦的氛围（乐）；"君子博学而日参省乎己"指出教师的职责是广泛涉猎知识，并不断自我反省，以提高教育质量和有效性；"有教无类"强调教育应面向所有学生，不分阶层和背景，以求公平教育。

新时代背景下，随着社会的快速发展，传统的高校教学管理概念已不再完全适应当前教育需求，对高校教学管理的理论和实践进行重新审视和界定，已成为教育改革的关键任务。高校教学管理概念界定的理论基础源于教育管理学、公共管理学、组织行为学和系统理论等多个学术领域，其核心目的是为实现教育教学的效率和效果提供科学的管理途径和策略。在确定高校教学管理的具体概念时，管理对象、管理职能、管理模式是三个主要构成要素。首先是管理对象，涵盖学生、教师、课程等，这意味着高校教学管理必须足够细致和精准，以有效满足不同对象的教学需求。其次，管理职能是指高校教学管理应涵盖的核心活动，包括教学计划的制定、课

程安排的优化调整、教学质量的监督与保证以及学生学业成绩的评价和认证，这些职能不仅要关注教学过程的规范性和有效性，还需考虑课程内容与教育目标的契合度以及教育资源的合理配置。最后是管理模式，它决定了教学管理的方式和路径，包括集权式、分权式、网格化和弹性化等多种方式，这些模式要能适应不断变化的教育环境和需求，促进教学管理的灵活性和创新性。

《教育大辞典》中对"教学管理"这一条目进行了明确的概括，大意为教学管理是按照教学规律和特点，对教学工作进行的计划、组织、控制、监控的过程。教学管理是学校管理的主要组成部分，主要任务包括：组织师生学习国家教育政策、方针和法令，明确教学任务；正确处理教学与其他工作的关系，贯彻学校以教学为主的原则；制定、健全和实施各种规章制度，以建立正确的教学秩序；协调师生关系，发挥教与学双方的积极性和创造性；科学利用和改善教学环境和教学设备，以提高教学质量，完成各项教育任务——主要为根据国家有关规定制订教学计划和教学大纲，建立和健全教学管理系统，加强教师教学与学生学习质量的管理。

高校教学管理的功能是指在高等教育机构中，为确保教学质量与提升教学效率，对教学相关活动和过程进行系统地规划、实施、监控和评估的管理工作。其主要目标是全面贯彻党的教育方针，落实立德树人根本任务，遵循教育规律，促进学生的全面发展与学习成效，提高教育服务质量。高校教学管理的关键组成部分包括：教学规划、教学实施、教学评估与反馈、教学改革与创新、教师管理、学生管理等。

（一）高校教学管理的主要职能

1. 计划职能

（1）专业建设规划

专业设置与调整规划：根据社会经济发展需求、行业动态以及人才市场反馈，分析不同专业人才的需求趋势。对现有专业进行定期评估，根据就业情况、学科发展等因素调整专业方向或淘汰不适应社会需求的专业。

专业人才培养方案制定：为每个专业确定清晰、符合社会需求和学校定位的人才培养目标，并围绕培养目标构建合理的课程体系，同时确定每门课程在不同学期的开设顺序和教学时间分配。

（2）课程建设规划

课程设置规划：根据专业培养方案和学科知识体系，确定需要开设的课程门类。既要考虑学科的完整性，又要注重课程的实用性和前沿性。

教学目标设定：明确每门课程的教学目标，包括知识目标、能力目标和情感目标。对教学内容进行规划，规定课程的教学内容范围和深度，使教学内容紧跟学科发展前沿。

教学方法建议：根据课程性质和教学目标，推荐适合的教学方法。对于理论性较强的课程，可以采用讲授法结合课堂讨论的方式；对于实践性课程，强调实验教学、案例教学和项目驱动教学等方法。

（3）教学资源配置计划

师资队伍建设规划：根据专业规模、课程数量和教学工作量，计算所需教师数量。同时考虑教师的退休、离职等自然减员情况以及学校的发展规划，合理补充教师。

教师素质提升规划：制定教师培训和进修计划，提升教师的教学能力和专业素养。包括组织教师参加教育教学方法培训、学科前沿研讨会、企业实践锻炼等。

教学设施设备规划：对教室、实验室、实习基地等教学硬件设施的需求进行评估。根据不同专业的教学要求，确定所需教室的类型（如多媒体教室、智慧教室等）和数量，实验室的设备配置和规模，以及校外实习基地的合作单位和数量。

教学资源采购计划：根据教学需求，制定教学设备、教材、图书资料等教学资源的采购计划。对于新兴学科专业，要及时采购最新的教材和专业书籍，以及先进的教学设备。

2. 组织职能

（1）人力资源组织

教师队伍建设：根据学校的发展战略和学科建设规划，确定教师招聘需求。在招聘过程中，教学管理人员要参与制定招聘标准、组织招聘流程，包括筛选简历、组织面试和试讲等环节，确保引进高质量的教师人才。

教学任务分配：根据教师的专业特长、教学能力和工作量平衡等原则，合理分配教学任务。例如，将专业核心课程分配给具有丰富教学经验和深厚学科知识的教师；对于新开课程，安排有相关研究背景或经过培训的教师担任。同时，要考虑教师的工作负荷，避免教学任务过重或过轻，保证教学质量。

教学团队组建与协作：随着学科交叉融合的发展，组织跨学科教学团队是组织职能的重要内容。教学管理人员要识别不同学科之间的交叉点和融合需求，挑选来自不同学科的教师组成团队。促进跨学科团队成员之间的沟通与协作。通过组织定期的团队会议、教学研讨活动等方式，让教师们分享各自学科的知识、教学方法和研究成果，加强团队凝聚力。

支持教学团队的教学改革和创新活动：鼓励团队成员共同探索新的教学方法、教学模式和考核方式。例如，为开展项目式教学的课程团队提供必要的资源和培训支持，帮助他们设计合理的项目内容和评价指标。

（2）物力资源组织

教室资源调配：根据课程类型、学生人数、教学时间、教室功能等因素，合理分配教室资源。组织实验室资源，根据实验课程的开设情况和实验设备的种类、数量，安排实验教学时间和场地。确保实验设备的完好率和使用率，定期维护和更新实验设备。对于校外实践基地，教学管理人员要与企业或合作单位沟通协调，确定实践教学的内容、时间和学生人数等安排。

教学设备采购与维护：根据教学需求和学校的预算，制定教学设备的采购计划。教学管理人员要调研市场上最新的教学设备，结合学校的实际教学情况，选择合适的设备。并建立教学设备的维护和管理制度，确保教学设备的正常使用。安排专业的技术人员对设备进行定期维护和维修，同时对教师和学生进行设备使用培训。

教材选用与资源整合：组织教师进行教材选用工作，根据课程教学大纲和教学目标，选择合适的教材。教材的选择要考虑其内容的准确性、时效性、适用性以及与课程体系的匹配度。除了教材之外，还包括网络课程资源、学术文献资源、教学案例库等。建立教学资源共享平台，方便教师和学生获取和使用这些资源。

3. 指挥职能

教学管理中的指挥是指高校教学管理者通过下达指令、引导等方式，使教学活动能够按照预定的计划和目标有序开展。在日常教学中，管理人员要指导教师的教学工作，如明确教学要求、教学进度等；同时对学生的学习活动也起到引导作用，如引导学生合理选课、参与教学评价等。

（1）对教师教学工作的指挥

明确教学要求与目标：教学管理者要根据专业培养方案和课程大纲，向教师详细阐释课程的教学要求。帮助教师将课程目标细化到每个教学单元，让教师在教学过程中有清晰的方向。

指导教学进度与内容安排：根据教学大纲和教学日历，指导教师合理安排教学进度。同时，对教学内容的深度和广度进行指导，结合课程性质和学生实际水平，提醒教师把握好教学内容的难易程度。

引导教学方法的选择与创新：鼓励教师根据课程特点和学生学习风格选择合适的教学方法，并推动教师进行教学方法的创新，为教师提供实践新方法的资源和条件支持。

（2）对学生学习活动的指挥

引导学生合理选课：教学管理者要向学生介绍学校的课程体系和选课规则。根据学生的专业方向和兴趣爱好，为学生提供选课建议，助力学生构建合理的知识结构。

指挥学生参与教学评价：组织和指导学生参与教学评价活动。向学生说明教学评价的重要性，让他们认识到评价结果对教学质量改进和自身学习体验提升的积极作用。并对学生反馈的教学评价意见进行收集和整理，及时反馈给教师或相关部门，促进教学相长。

4. 协调职能

（1）部门协调

教学资源保障协调：教学部门需要行政部门提供支持，以保障教学资源的充足。教学管理中的协调职能要求管理人员确保教学部门与这些行政部门之间有效沟通，使教学资源的供应与教学实际需求相匹配。

教学政策执行协调：行政部门制定的一些政策会影响教学工作，教学部门也需要将教学过程中的实际情况反馈给行政部门。

学生培养协调：教学部门和学生管理部门都以学生的成长成才为目标，但工作侧重点不同。教学部门侧重于学生的知识传授和能力培养，学生管理部门侧重于学生的思想教育、日常行为管理等。协调这两个部门可以更好地促进学生的全面发展。

（2）教师协调

课程衔接协调：高校课程体系是一个有机整体，不同学科的课程之间存在知识衔接关系。教学管理人员需要协调不同学科教师，保证课程内容的连贯性和系统性。

教学进度与内容协调：同一学科的教师在教授相同课程时，可能会因为教学风格、教学经验等因素导致教学进度和内容有所差异。教学管理人员要协调教师之间统一教学进度和基本教学内容，保证教学质量的一致性。

教学资源共享协调：协调同一学科教师之间共享教学资源，如教学课件、案例库、试题库等。这有助于提高教学资源的利用效率，促进教师之间的相互学习和共同进步。

（3）师生协调

教学期望协调：教师和学生对教学目标的理解可能存在差异，教学管理人员要帮助双方沟通协调，促进双方相互理解，使教学目标更加符合学生的实际需求。

教学方法适应协调：学生对不同教学方法的接受程度不同，教学管理人员要协调教师根据学生的反馈调整教学方法，提高学生的学习积极性和参与度。

学生意见反馈协调：学生在学习过程中会对教学内容、教学进度、教学环境等方面提出意见和建议。教学管理人员要及时将这些意见反馈给教师，并协调教师做出回应。

教师评价反馈协调：教师对学生的学习评价（如作业批改、考试成绩、课堂表现评价等）也需要通过教学管理人员协调反馈给学生。管理人员要确保评价信息的准确传达，帮助学生理解教师的评价意图，促进学生改进学习方法和态度。

5. 控制职能

（1）教学质量控制

课程质量标准：高校教学管理的控制职能首先体现在制定明确的教学质量标准上。对于课程而言，质量标准涵盖课程目标、教学内容、教学方法等多个维度。例如，课程目标要符合专业人才培养方案的要求，明确学生在知识、技能和素质方面应达到的具体水平；教学内容应准确无误、具有系统性和前沿性，能够反映学科领域的最新成果和行业实践的需求；教学方法要根据课程性质和学生特点，灵活多样且有助于教学目标的实现。

教学检查：教学管理部门通过定期和不定期的教学检查来监控教学质量。定期检查包括学期初的教学准备检查（如教学大纲、教学进度表的完备情况）、期中教学进度检查和期末教学总结检查。不定期检查则是随机听课、抽查作业批改情况等。

教学评价及反馈：教学评价包括学生评教、同行评教和教师自评等多种方式。教学管理部门要将教学检查和教学评价中发现的问题及时反馈给教师和相关教学单位，反馈内容应具体、有针对性，不仅指出问题所在，还应提供改进建议。

持续改进：教师和教学单位根据反馈意见进行教学改进，教学管理部门则对改进情况进行跟踪检查，形成一个持续改进的循环。

（2）教学进度控制

教学进度计划：教学管理人员要指导教师将课程内容分解到每周，确定每周的教学主题、教学重点和难点，以及相应的教学方法和教学手段，确保教学过程有条不紊地进行，同时也便于教学管理人员进行监督和检查。

进度跟踪与调整：教学管理人员通过多种方式跟踪教学进度。一是查看教师的教学日历和教案，了解教师是否按照预定的进度计划进行教学；二是定期召开教学进度汇报会，要求教师汇报课程教学进度情况；三是结合学生的反馈，了解实际教学进度是否与计划相符。如果发现教学进度出现偏差，教学管理人员要及时与教师沟通，分析原因并采取相应的调整措施。

（二）高校教学管理的重要性

1. 提升教学质量

保障教学秩序稳定：保障教学秩序稳定是高校教学管理的重要意义之一。在课程安排方面，通过科学规划，依据专业培养方案合理分配课程，明确上课时间和教室，避免教学混乱，让学生有序接受知识；在人员组织上，教学管理涉及教师的授课安排和学生的学习组织，管理人员需要根据教师的专业背景、教学能力和经验安排合适的教学任务，同时引导学生完成选课等流程；在资源配置上，能够合理配置和利用人力、物力和财力资源，确保教学活动所需的各类资源得到合理分配，最大限度地提高教育资源的使用效率。同时，有效的教学管理还能标准化教学流程，规范教师与学生的行为，确保教学活动的合规性和一致性，保证教学质量和秩序，维护教育公平、保障学生的合法权益。

推动教学内容与时俱进：管理部门引导教师更新教学内容，使其与学科发展前沿和社会实际需求相结合，增强学生在就业市场和未来发展中的竞争力，从根本上提升教学质量。

促进教学创新：高校教学管理鼓励教师在教学方法、课程内容和评估方式上进行创新，推动教育的改革与发展。这种创新不仅体现为教学技术的应用（如在线学习、混合式学习等），还包括跨学科的课程整合和实践导向的教学模式。

2. 促进学生全面发展

满足学生个性化学习需求：随着学生背景、兴趣和学习方式的多样化，高校教学管理需要根据学生的个性化需求，设计差异化的课程和教学策略。通过提供多样化的学习选项和支持服务，帮助学生更好地实现个人发展。例如，实行学分制可以让学生在一定范围内自主选择课程和学习进度，对于有特殊兴趣爱好或职业规划的学生，可以选择跨学科课程或参加实践类课程，培养学生的个性和创新能力，促进学生的全面发展。

培养学生综合素质：教学管理注重对学生综合素质的培养，包括组织各种实践活动、学术讲座、社团活动等。例如，安排学生参加实习、社会实践，提高学生的实践能力和社会责任感；举办学术讲座拓宽学生的知识面和视野；鼓励学生参加社团活动锻炼社交能力和团队协作能力，使学生在知识、能力和素质等方面得到全面提升。

3. 推动学校发展战略实施

助力学科建设：有效的教学管理有利于学科建设。通过合理配置教学资源、吸引优秀教师、优化课程体系等措施，可以提升学科的教学水平和科研实力。例如，在重点学科建设中，加大对该学科教学资源的投入，引进高水平教师，开设特色课程，提高该学科在国内乃至国际上的影响力，促进学校学科的整体发展。

提升学校声誉和竞争力：高质量的教学管理带来的是良好的教学质量和学生培养质量，这直接关系到学校的声誉和竞争力。在高校竞争日益激烈的环境下，优秀的教学管理能够培养出更受社会欢迎的毕业生，吸引更多优秀的生源和师资，为学校在教育领域树立良好的品牌形象，推动学校朝着更高水平发展。

加强师生沟通与协作：有效的教学管理能够促进师生之间的沟通与合作，构建良好的教学氛围。通过定期的反馈机制和交流活动，教师可以及时了解学生的学习情况和需求，从而调整教学策略，增强教学效果。

二、高校教学管理应遵循的原则

在高校教学管理的过程中，遵循的原则不仅是提升教学质量的重要保障，也是实现教育目标的基础。有效的教学管理原则可以帮助教育工作者更好地应对复杂的教育环境，提高学生的学习效果和整体素质，也可有力助推高校高质量发展。

（一）以学生为中心

"以学生为中心"是一种教育理念和教学方法，强调在教育过程中将学生的需求、兴趣和发展放在首位。该原则是高等教育改革下的核心教育思想，体现了高等教育的人文化和精细化，这种管理变革不仅强调教育目标与人才培养的一致性，而且要求教学管理活动紧紧围绕学生的全面发展来进行，体现出更高的适应性和针对性。将这一教育理念渗透到高校教育改革中可以发挥重要指导作用。传统教育教学中，"填鸭式"教学法充斥专业课堂，教师在课堂中占据绝对主体地位，师生课堂互动率低、参与率低，往往限制了学生多元能力发展和培育。全方位渗透以学生为中心的意识，不仅可以确立学生课堂主体地位，教师也可从"课堂主体"角色卸任，转而担任课堂的引导者，增加学生课堂参与率并掌握课堂学习主动权。

鉴于当代高校学生群体多样化的特点，教学管理应建立起具有弹性的教育服务体系。该体系应包括多样化的课程安排、个性化的学习路径选择、多元化的学习资源提供，以及为不同背景学生提供定制化服务的支持系统。在以学生为中心的教学理念下，教师的角色应当转变为学习的促进者和支持者，鼓励学生在课堂上积极思考、提问和探讨。通过设计更具互动性和参与感的课堂活动，如小组讨论、案例分析等，激发学生的学习兴趣，使他们在知识的获取中成为主动参与者。在以学生为中心的教学理念指导下，鼓励学生自主学习成为提升学生综合素质的重要途径。教师应当创造一个支持性强、开放的学习环境，使学生能够在其中自由探索、独立思考。通过引导学生设定个人学习目标，教师可以激发他们的内在动机，促使学生主动参与学习过程中。例如，教师可以引导学生制定学习计划，设定阶段性目标，并通过定期的反馈与反思，帮助学生评估自己的学习进度与成效。或者通过引入项目式学习、探究式学习等教学方法，鼓励学生围绕自己的兴趣与实际问题进行深入研究。在这一过程中，学生不仅能够锻炼自主学习的能力，还能培养批判性思维和解决问题的能力。教师的角色在此转变为学习的引导者，提供必要的资源与支持，帮助学生在自主学习中克服困难。通过这种方式，学生的学习不仅限于课本知识的传递，而是扩展到实际应用与创新思维的培养。最终，以学生为中心的教育理念和鼓励自主学习的实践将共同促进学生的全面发展，使他们在未来的学习与生活中具备更强的适应能力和创造力。

"以学生为中心"的教育理念强调：

学习需求导向：教学管理应充分了解和分析学生的学习需求、兴趣和发展潜力，制定相应的课程和教学计划，以满足学生的个性化学习要求。

主动参与：鼓励学生积极参与课堂讨论、项目实践和课外活动，增强他们的自主学习能力和团队合作精神。

反馈与调整：建立有效的反馈机制，及时收集学生对教学内容、教学方法和管理措施的意见和建议，依据反馈信息不断调整和优化教学管理策略。

综合素质培养：关注学生的全面发展，不仅关注学术成绩，还重视道德、心理和社会能力的培养，促进学生综合素质的提高。

创新与实践：鼓励教师采用多样化的教学方法和手段，如翻转课堂、项目式学习等，增强学生的实践动手能力和创新精神。

支持与关怀：提供必要的学业支持和心理辅导，关注学生的学习压力和心理健康，帮助他们克服学习中的困难，提升学习体验。

评估与激励：采用多元化的评估方式，关注过程性评价和成果性评价，激励学生在学习中不断进步，树立自信心。

（二）教学相长

教师和学生是学校构成的必要条件，教师、学生和学校各自的健康发展互相依赖并体现于对方的发展之上。《学记》指出："是故学然后知不足，教然后知困。知不足，然后能自反也；知困，然后能自强也。故曰教学相长也。"师生之间的有效互动，能够促进师生之间的相互交流、相互学习，达到共同进步、共同成长的目的。教师教的过程同时也是学生学的过程，教与学相互依存、相互促进。教学管理中要强调教师的教，要调动教师教的积极性，发挥教师的主导作用，激励教师在教的过程中不断加快专业发展，提高业务素质和综合素养，同时要发挥学生在学习中的主体作用。

在教学过程中，教师和学生之间的互动不仅体现在知识的传递上，更在于思想和情感的交流。教师通过学生的反馈，不断调整自己的教学策略，学生在教师的引导下，逐渐掌握学习的技巧和方法。在这样的循环中，教师的教学能力得以提升，而学生的学习能力也在不断增强。教师在授课中遇到的问题和挑战，往往能够引导他们进行更深入的思考，促使他们在专业领域内持续探索，从而实现自我提升。与此同时，学生在学习过程中提出的问题和见解，能够激发教师的思考和反思，促使教师在教学内容和方式上进行创新。这样的互动不仅能够增强课堂氛围，还能让学生感受到自己的学习是被重视的，进而提高他们的学习积极性和主动性。通过这种相互促进的良性关系，教师和学生共同构建了一个学习共同体。在实际教学中，教师还应关注学生的个体差异，尊重他们的独特性，鼓励他们自主学习和探索，创造一个包容和开放的学习环境。通过这样的方式，教师与学生之间的关系更加紧密，形成良性循环，最终实现教学相长的理想境界。在这一过程中，教师不仅是知识的传递者，更是学生成长的引导者，双方共同在知识的海洋中遨游，互相成就，携手并进。

教与学的关系中，教师与学生紧密相连，彼此依存、共同成长。教师不仅要传授知识，更需要关注学生的需求和情感，倾听他们的声音，这样才能真正实现教学的有效性。通过关注学生的个体差异，教师能够因材施教，创造出适合不同学生的学习环境，使每一名学生都能在自己的节奏中成长。学生在学习过程中对知识的探索和对问题的思考，能够为教师提供新的视角与启发。这种来自学生的反馈，不仅能够帮助教师反思自己的教学方法，还能激发教师的创新思维，促使他们在教学内容上进行适当调整。教师在面对学生提出的挑战时，往往会意识到自身的不足，从而激励自己不断学习与进步。

教师与学生携手并进，共同探索知识的边界，形成一个充满活力的学习共同体。在这个共同体中，师生之间的关系不是单向的教与学，而是双向的交流与成长，最终实现教学相长的美好愿景。

"教学相长"教育理念强调：

双向互动:"教学相长"体现了教师与学生之间不是单向的知识传递,而是双向的互动。教师不仅要教授知识,还要倾听学生的反馈和问题,通过这种互动来调整和优化教学方法。

共同成长:这一理念强调教师与学生在学习过程中共同成长。教师在教学中不断更新自己的知识、提升教学技能,而学生在学习中不断提高自己的理解能力和应用能力,从而实现双赢。

激发思维:"教学相长"鼓励学生积极参与课堂讨论、提出问题和表达观点。这种积极的思维活动能够激发学生的创造力和批判性思维,使他们成为主动学习者,而非被动接受者。

知识的深化:在教学过程中,教师通过学生的反馈和问题,能够更深入地理解所教内容,进而提升自己的专业素养。同时,学生通过教师的引导,能够更全面地掌握知识体系,形成更深刻的理解。

适应性教学:"教学相长"理念促使教师根据学生的学习需求和反馈,灵活调整教学策略,以适应不同学生的学习风格和进度。这种适应性能够提高教学的有效性和针对性。

建立良好的师生关系:强调"教学相长"有助于建立更加融洽的师生关系,教师尊重学生的意见,学生也尊重教师的知识和经验,从而形成良好的学习氛围。

培养终身学习的能力:在"教学相长"的过程中,教师和学生都在不断地学习和适应。这种态度不仅适用于课堂,也为学生今后的终身学习奠定了基础,培养他们在未来生活和工作中持续学习的能力。

(三)民主与集中相结合

信息时代的到来,人与人之间越来越透明,教学行为也越来越被可视化和可量化。高校教学管理既要充分尊重决策的强推进性,同时也要注重师生个体在教学行为中的表现特征,注重师生在教学中的话语权与表达方式。高校的教学管理,民主与集中并不是对立的,而是相辅相成、互为促进的。为了更好地实现这一结合,首先需要明确民主决策与集中决策在教学管理中的各自角色与功能。民主决策强调广泛的参与和意见的表达,能够充分调动教师与学生的积极性,促进信息的透明和反馈的及时。集中决策则能够确保决策的高效性和一致性,特别是在面临重大政策调整和突发事件时,集中决策能够迅速反应,保持管理的稳定性。

高校教学管理的民主与集中相结合是一个动态的过程,需要在实践中不断探索与完善。通过合理的决策机制、畅通的信息交流、持续的培训与文化建设,以及有效的评估机制,才能够实现教学管理的高效与和谐,为高校的可持续发展提供有力保障。在实现高校教学管理民主与集中相结合的过程中,还需关注对外部环境的适应性,尤其是教育政策的变化和社会需求的多样化。高校面临着来自政府、市场及社会的多重压力,必须在快速变化的环境中保持灵活性与应变能力。这就要求高校不仅要在内部实现民主与集中决策的结合,还需与外部利益相关者建立良好的沟通机制,以便及时获取反馈,调整教学管理策略。首先,高校应当主动与政府教育部门保持密切联系，及时了解国家教育政策的导向与要求。在政策实施过程中，学校可以通过建立政策反馈机制，收集教师与学生对政策的看法与建议，形成有效的政策适应策略。这种自上而下与自下而上的互动既能够增强政策的有效性，又能提升师生对政策的认同感，从而在执行过程中减少阻力，促进政策的顺利落实。其次，面对市场需求的不断变化，高校应当加强与企业及社会组织的合作，建立校企合作机制。通过与行业的深度融合，学校可及时了解最新的行业动态与人才需求，从而调整教学内容与方式，使其更加贴近社会实际。这种合作不仅可以为学生提供实习与就业机会，也能够为教学管理的改革提供现实依据，使决策更加科学有效。此外，科技的迅猛发展也为高校教学管理提供了新的机遇。高校可以利用大数据、人工智能等现代信息技术，提升教学管理的智能化水平。例如，通过数据分析了解学生的学习情况与需求，为决策提供科学依据；利用在线平台开展师生意见征集，打破时间与空间的限制，增强民主决策的广泛性与有效性。科技的应用不仅可以提高管理效率，还能促进师生之间的互动与沟通，进一步增强民主与集中相结合的管理效果。

高校教学管理的民主与集中相结合不仅要求内部机制的完善，也需关注外部环境的适应性与科技手段的应用。通过多元化的管理策略与灵活的应变能力，高校才能在复杂多变的教育生态中实现可持续发展，提升整体教育质量。

"民主与集中相结合"理念强调：

民主参与：鼓励教师、学生、家长和社会各界的广泛参与，重视各方的意见和建议，在教育决策和管理中体现民主。

集中管理：在教育目标、政策和课程设置等方面，强调集中管理，以确保教育资源的合理配置和有效利用。通过集中管理，保证教育政策和措施的统一性和规范性，避免因地方和个体的差异而导致教育质量的不均衡。

平衡与协调：强调在民主参与和集中管理之间找到平衡，明确各方的权利和责任，实现教育管理的科学化和规范化。

集体智慧：通过民主参与，集思广益，充分发挥教师和学生的创造力，从而推动教育改革和发展。

增强教育公平：在民主参与的过程中，保护学生和教师的基本权益，创造一个公平、公正的教育环境。

构建和谐教育环境：强调师生之间、家校之间的沟通与互动，通过民主的方式增进理解与信任，形成学校、家庭和社会三位一体的教育合力，构建和谐的教育氛围，实现共同发展。

三、我国高校教学管理制度的变迁

我国高校教学管理制度的变迁反映了国家对教育目标和方法的不断调整，以适应经济社会发展的需求。从初期的高度集中管理到现在的灵活多样化，教育管理制度的演变不仅提高了教学质量，也为学生的全面发展创造了条件。未来，随着社会的进一步发展，高校教学管理制度仍将继续探索创新之路。

（一）新中国成立初期

新中国成立后，高校教学管理制度开始建立。此时期的管理制度受到苏联教育模式的影响，强调集中管理和统一标准。概括而言，高校的教学内容和方式高度规范，课程设置和教材使用较为单一。

新中国成立初期，我国高校的教学管理政策逐渐形成了以培养社会主义建设人才为核心的目标。政府通过制定一系列政策，推动高校的专业设置与国家经济和社会发展的需求相结合，确保教育的实用性和针对性。各高校根据国家规划，调整学科结构，尤其强调工科和农业类专业的建设，以适应新中国经济建设的迫切需要。随着高校教学管理制度的不断完善，课程改革和教学方法的探索也逐渐展开。除了工科和农业专业外，国家开始重视人文学科的建设，认为培养具有社会责任感和人文素养的人才同样重要。这一时期，教育政策开始强调综合素质教育，倡导学生在接受专业知识的同时，也要关注思想品德和科学文化素养的全面发展。此外，随着国际形势的变化，国家对外交流的需求日益增加，外国语教学和国际理解教育也开始受到重视。高校纷纷开设外语课程，培养学生的国际视野和沟通能力，促进社会的全面发展。

与此同时，教学管理制度的完善也伴随着对教师队伍的严格要求。国家对教师的选拔和培训进行了系统化的管理，强调教师不仅要具备扎实的专业知识，还需具备为社会主义服务的政治觉悟和责任感。这一时期，教师的职称评定和继续教育制度逐步建立，旨在提升整体教学质量。为了保证教学质量，教育部设立了专门的教学督导机构，定期对高校的教学活动进行检查和评估。这种评估不仅关注课程内容的落实情况，也关注学生的学习效果，力求通过科学的管理手段提高教育质量。

总体来看，新中国成立初期的高校教学管理政策在高度集中与统一的管理模式下，逐步探索出符合国家发展需求的教育机制，为后来的教育改革奠定了基础，同时也为培养社会主义建设者和接班人提供了有力保障。

（二）改革开放初期

1978年改革开放后，高校教学管理制度开始逐步放宽，强调教育与经济发展的结合。这一时期，伴随市场机制的引入，国家鼓励高校自主办学，探索多样化的教学模式和课程设置。这一时期高校开始注重学生的自主学习能力和实践能力培养。

改革开放初期，我国高校教学管理政策的改变不仅促进了高校的自主性，还推动了教育资源的优化配置。高校开始招收不同年龄、不同背景的学生，包括在职人员和成人教育，并逐渐探索多样化的学制，除了传统的本科五年制，还开始设立三年制和四年制的专业教育。一些高校开始探索学分制和选修课程，鼓励学生根据自己的兴趣和职业规划选择课程，提高学习的主动性。

这一时期，高校开始与国外高校开展合作与交流，引进外国的教育理念、课程和师资，提升教育水平。高校开始引入竞争机制，鼓励高校招聘高水平教师，同时加强对教师的培训，提高其专业素养和教学能力，并强调教师的科研能力，鼓励教师参与科研项目，将科研成果应用于教学中，提升教育质量。课程设置方面，除了原有的自然科学和人文社科课程外，增加了经济管理、计算机等新兴学科，强调实践和应用能力。同时，改革开放初期还引入了多元化的评价机制，强调学生的全面发展和个性化培养，高校不仅关注学生的学术成绩，更加重视道德素养、创新能力和实践经验的培养。为了实现这一目标，许多高校开始设立创新实验室、实习基地等，推动学生在真实环境中锻炼和提升自己的能力。

整体来看，改革开放初期的教学管理政策为高校的发展注入了新的活力，促进了教育理念和实践的深刻变革，为后续的教育改革奠定了基础。这一时期的政策调整不仅提高了高校的办学水平，也为我国经济社会的持续发展提供了强有力的人才支撑。

（三）21世纪初

进入21世纪后，高校教学管理制度进一步改革，强调质量与效率。国家教育部门出台了一系列政策，推动高校进行内涵式发展。此时期的特点包括：

建立学分制，推动课程选择的灵活性。学分制的实施使得学生的学习过程更加个性化和多样化，打破了传统教育模式的固定框架。学生可以根据自己的兴趣和职业规划，自主选择课程，从而增强学习的主动性和积极性。这种灵活性不仅提升了学生的学习体验，也促进了不同学科之间的交叉与融合，为学生提供了更广阔的发展空间。在学分制下，课程的学分分配与教学质量密切相关，高校需要不断优化课程设置，确保每门课程的学分反映其教学难度和学术价值。与此同时，学分制也促使教师在授课内容、教学方法和评估方式上进行创新，以适应学生的不同需求。高校通过建立完善的学分管理系统，能够实时跟踪学生的学习进度与成果，及时调整教学策略，保障教育质量。此外，学分制还为学生的学业规划提供了灵活的选择，学生可以在规定的时间内，根据自身的学业发展情况，选择加速或延缓毕业。这种灵活度为学生的职业生涯规划打下了良好的基础，使他们能够在学业与职业之间找到最佳的平衡点。然而，学分制的推广也面临一些挑战，如何确保课程质量、如何合理设置学分标准等问题，需要高校教育管理者进行深入研究与探索，确保学分制真正服务于教育的内涵式发展。

强调研究导向的教学，提高学生的创新能力。研究导向的教学不仅仅是教学模式的转变，更是教育理念的深刻变革。它要求教师在课堂上不仅传授知识，更要引导学生主动探索，培养他们的问题意识和批判性思维能力。在这样的教学环境中，学生被鼓励参与科研项目、课题研究，通过实际操作和探索，提升自身的创新能力。为了实现这一目标，高校积极建立跨学科的合作机制，促进不同专业之间的交叉融合。通过组建多学科团队等方式，学生可以在多元化的视角中激发灵感，碰撞出创新的火花。同时，高校积极探索与企业及社会的联系，建立实践基地，让学生在真实的环境中进行研究和创新。通过参与实际项目，使学生将理论知识应用于实践，提升他们的动手能力和适应能力。研究导向的教学模式为学生创新能力的提升提供了广阔的空间和丰富的资源，也是推动高校内涵式发展的重要途径。

引入现代信息技术，推动在线教育和混合式教学。现代信息技术的迅猛发展为在线教育和混合式教学提供了强大的支持，这一时期，许多高校开始建立校园网络平台，利用在线教学资源、电子图书馆和学习管理系统，推动教学的数字化和智能化。通过数据分析，教师可以精准把握学生的学习进度和学习习惯，从而制定针对性的教学策略，提升教学质量与效率。在线教育的实施打破了传统课堂的时间和空间限制，使得更多的学生能够获得优质教育资源，促进了教育公平。许多高校也开始积极探索混合式教学模式，这种新的教学模式为高校教学带来了创新，通过将线上学习与线下课堂相结合，学生可以在自主学习的基础上，通过线下讨论与实践活动，巩固知识，增强动手能力和团队合作意识。在此背景下，各高校开始建立并完善技术支持体系，确保教学过程中信息技术的顺畅应用，在现代教育理念的指导下探索出一条适应时代发展的教育新路径，实现教育质量的全面提升。

（四）当前阶段

2010 年起，高校教学管理制度变迁进入逐步扩大师生权利、推进教学管理制度改革阶段。这期间，国家更加注重高校师生在教学管理中的主体地位，出台了一系列政策文件以推动教学管理制度的深化改革，如《国家中长期教育改革和发展规划纲要（2010—2020 年）》等，致力于提升高等教育质量，培养创新型人才，推进高等教育的内涵式发展。近年来，随着教育国际化和信息化的加速，高校教学管理制度不断创新与完善。主要表现为：

深化教育改革，实施"以学生为中心"的教学理念。"以学生为中心"的教学理念的实践不仅体现在课程设计和教学方法的创新上，还体现在对学生自主学习能力的培养和评估体系的完善上。高校通过多样化的教学手段，例如翻转课堂、项目导向学习和协作学习等，鼓励学生积极参与知识的构建过程中。在这种模式下，教师的角色从传统的知识传授者转变为学习的引导者和支持者，帮助学生在探究中发现问题、解决问题。同时，学校充分重视学生的个体差异，提供个性化的学习支持。通过建立学习档案和反馈机制，教师根据每位学生的学习进度和需求，调整教学策略，确保每位学生都能在适合自己的节奏中成长。此外，课程评估也向形成性评估发生转变，注重过程性评价，鼓励学生自我反思和同伴评价，从而提升他们的自我监控能力和批判性思维。进一步地，学校建立以学生为中心的学习社区，促进师生之间、学生之间的互动与合作。在这样的环境中，学生不仅能够更好地理解和应用知识，还能培养团队合作精神和社交能力，为未来的职业发展奠定基础。

增强实践教学，推动校企合作，培养应用型人才。高校聚焦人才培养的实践能力提升，积极探索多元化的教学模式，结合行业需求，构建产学研结合的教育体系。各高校纷纷与企业建立长期的合作关系，共同开发课程、设计实习项目、共建实验室等，使学生在真实的工作环境中锻炼技能，提升解决实际问题的能力。同时，高校引进具备丰富实践经验的行业专家参与教学，增强课程的实用性和前瞻性，帮助学生了解行业动态与发展趋势，培养学生的创新思维和实践能力。通过校企合作、实践教学、双师型队伍建设等多方面的努力，实现高校教育与经济社会发展的有效对接，为国家和社会培养出更多高素质的应用型人才。

积极利用大数据和人工智能，提升教学管理的智能化水平。随着全球教育环境的变化，智能化教学管理的推广将极大程度上助力高校应对未来教育的挑战，如大规模在线学习、跨区域教育资源共享等。通过智能化手段，教育者能够更好地适应快速变化的教育需求，构建更加灵活和高效的教育体系，推动教育的可持续发展。新时代的智能化教学管理，教师的角色在不断演变。教师不仅是知识的传授者，更是数据的分析者和学习环境的设计者。通过大数据分析，教师能够获得更全面的学生画像，包括他们的学习习惯、兴趣爱好及社交行为，这些信息能够帮助教师制定更加个性化的教学方案。与此同时，智能化教学管理系统的引入，也为教师的专业发展提供了新的机遇。教师可以通过系统反馈，了解自己的教学效果和学生的学习反应，进而进行自我反思和专业成长。这种数据驱动的反馈机制，有助于教师不断优化教学方法，提高教学质量。

积极利用大数据和人工智能，不仅能提升教学管理的智能化水平，还能推动教育改革的深入发展，助力实现教育公平与优质教育资源的有效配置。随着技术的不断进步，智能化教学管理将迎来更多的创新应用，极大地丰富了教育的内涵与形式。

（五）未来发展方向

在探讨未来高校教学管理制度的发展方向时，我们必须关注教育技术的迅速进步，以及学生需求的多样化。随着信息技术的飞速发展，在线教育、混合学习和远程教学等新模式不断涌现，这对传统教学管理制度提出了新的挑战和要求。高校需要积极探索和实践以适应这一变化，并确保教育质量的持续提升。

1. 信息化与智能化管理

管理系统集成与数据共享：高校将进一步加强教学管理信息系统的建设与整合，实现不同部门、不同业务之间的数据共享与互通。例如，学生的学籍信息、课程选修信息、成绩信息、实践活动信息等能够在一个统一的平台上进行管理和查询，提高管理效率和决策的科学性。通过数据的深度分析，学校可以更好地了解学生的学习情况、教师的教学效果等，为教学改进提供依据。

智能辅助决策：利用人工智能、大数据等技术，为教学管理提供智能辅助决策支持。比如，在课程安排方面，系统可以根据课程类别、学生的选课需求、教室的使用情况等多因素进行智能排课；在教学质量评估方面，通过对大量教学数据的分析，自动生成评估报告和改进建议，帮助管理者及时发现问题并采取措施。

个性化学习支持：借助信息技术，为学生提供个性化的学习支持服务。根据学生的学习记录、兴趣爱好、学习能力等信息，为学生推荐适合的课程、学习资源和学习路径，满足学生多样化的学习需求，促进学生的个性化发展。

2. 多元化与弹性化的教学管理

多元化课程体系：高校将不断丰富课程体系，增加跨学科、交叉学科课程的比重。鼓励不同学科之间的教师合作开设课程，培养学生的综合素养和创新能力。例如，计算机科学与艺术设计相结合的数字媒体艺术课程、生物学与工程学交叉的生物工程课程等。同时，引入更多的在线课程、微课程等新型课程形式，拓宽学生的学习渠道。

弹性学制与学分制改革：进一步完善学分制，扩大学生在课程选择、学习进度安排等方面的自主权。学生可以根据自己的学习能力和兴趣，自主选择课程和学习时间，提前或延迟毕业。同时，建立更加灵活的学分转换机制，认可学生在校外获得的学习成果，如在线课程学习、实习实践、创新创业项目等，鼓励学生积极参与各种学习活动。

多样化教学模式：除了传统的课堂教学，高校将积极推广混合式教学、翻转课堂、项目式教学等新型教学模式。这些教学模式将线上学习与线下学习相结合，注重学生的自主学习和团队合作，培养学生的实践能力和解决问题的能力。例如，学生在课前通过在线学习平台自主学习课程内容，课堂上则进行小组讨论、案例分析、项目实践等活动，加深对知识的理解和应用。

3. 国际化与合作化发展

国际交流与合作项目拓展：高校将加强与国外高校的交流与合作，开展更多的国际联合培养项目、交换生项目、学术交流活动等。引进国外先进的教学理念、教学方法和课程资源，提高学校的国际化水平。同时，鼓励教师和学生参与国际学术会议、科研合作等活动，拓宽国际视野，增强国际竞争力。

跨境教育与在线国际课程：随着信息技术的发展，跨境教育将变得更加便捷。高校将积极开展在线国际课程，与国外高校合作开设同步或异步的网络课程，让学生不出国门就能享受到国外优质的教育资源。同时，探索跨境教育的新模式，如在国外设立分校、与国外企业合作开展实践教学等，提高学校的国际影响力。

国际认证与质量标准对接：越来越多的高校将积极参与国际教育认证，如工程教育认证、商科认证等，按照国际标准来规范教学管理和教学质量。这不仅有助于提高学校的教学质量和国际认可度，也有利于学生的国际就业和深造。

4. 质量保障与评估体系完善

内部质量保障体系建设：高校将建立更加完善的内部教学质量保障体系，加强对教学过程的监控和管理。制定科学合理的教学质量标准和评价指标，定期对教学工作进行检查和评估。加强对教师教学的监督和指导，建立教师教学档案，记录教师的教学业绩和教学改进情况，促进教师教学水平的提高。

第三方评估与社会监督：引入第三方评估机构，对高校的教学质量进行独立评估。第三方评估机构具有专业性和客观性，能够为高校提供更加准确的评估结果和改进建议。同时，加强社会监督，建立教学质量信息公开制度，让社会公众了解高校的教学质量情况，促进高校不断提高教学质量。

持续改进机制：建立教学质量持续改进机制，根据评估结果和反馈意见，及时对教学管理和教学工作进行调整和改进。鼓励教师和学生参与教学质量改进工作，形成全员参与、持续改进的良好氛围。

5. 以学生为中心的管理理念深化

学生参与教学管理决策：高校将更加重视学生的主体地位，鼓励学生参与教学管理决策。建立学生代表参与的教学管理委员会、课程设置委员会等机构，让学生在课程设置、教学评价、教学改革等方面拥有发言权。通过学生的参与，提高教学管理的针对性和有效性，更好地满足学生的需求。

学生服务与支持体系优化：完善学生服务与支持体系，为学生提供全方位的学习和生活支持。加强学生心理咨询、职业规划、就业指导等服务，帮助学生解决学习和生活中遇到的问题。建立学生学习中心、创新创业中心等平台，为学生提供学习辅导、创新创业实践等机会，促进学生的全面发展。

6. 教师队伍管理专业化

教师发展与培训体系完善：高校将加强教师发展与培训体系建设，为教师提供多样化的培训和发展机会。定期组织教师参加教学方法、课程设计、教育技术等方面的培训，提高教师的教学能力和专业素养。鼓励教师参与教学研究和教学改革项目，支持教师到国内外高校进行访学和交流，拓宽教师的学术视野。

教师评价与激励机制优化：建立科学合理的教师评价与激励机制，全面评价教师的教学、科研、社会服务等工作。注重教学质量在教师评价中的比重，将教学效果与教师的职称评定、绩效考核、奖励等挂钩，激励教师积极投入教学工作。同时，为教师提供良好的工作环境和发展空间，吸引和留住优秀教师。

第二章　高校教学管理理念的重塑

　　思想是行为的先导，一切教学活动都是受一定的教学思想支配和指导的。教学管理，首先是教学思想的管理，教学思想的管理不仅是教学活动的灵魂，更是提升教育质量的重要保障。只有在科学教学思想的指导下，教育才能不断创新与发展。

一、高校教学管理理念重塑的必要性

　　高校教学管理理念是指导教育教学活动的核心思想和价值导向。随着社会的发展和高等教育的变革，传统的教学管理理念面临着诸多挑战。重塑高校教学管理理念，不仅是提高教育质量的必要途径，也是适应新时代教育需求的重要举措。

（一）应对社会和经济的变化

　　随着全球化和技术进步的加速，社会对人才的需求发生了显著变化。现代社会需要具有创新精神、批判性思维和实践能力的人才。一方面，社会经济的变化带来了知识更新的加速。新的技术、理念不断涌现，这就要求教学管理不能再墨守成规，而要积极适应这种变化，及时调整教学内容和方法，培养学生具备适应未来社会发展的能力。另一方面，社会经济的变化也使得人才需求发生了转变。如今，社会更加需要具有创新精神、实践能力和跨学科素养的复合型人才。教学管理理念的重塑可以促使学校更加注重学生综合素质的培养，打破传统学科界限，鼓励学生进行创新实践。

　　此外，社会经济的发展也为教学管理提供了更多的技术支持。例如，在线教育平台、虚拟现实（VR）/增强现实（AR）技术、人工智能辅助教学等的应用，为教学管理带来了新的机遇和挑战。教学管理理念需要与时俱进，充分利用这些新技术，提高教学效率和质量。

（二）学生主体地位的强化

学生主体地位的强化对教学理念的重塑提出了迫切要求。

一方面，新时代高校学生处于全球化、信息化飞速发展的环境中，接触到海量的信息和多元的文化思潮，其思想观念变得更加多元化。他们不再局限于传统的思维模式，对知识获取、学习方式以及校园生活等各方面都有独特的见解和个性化的追求。例如，在学习上，有的学生可能更倾向于通过线上课程、网络资源自主探索感兴趣的领域，而不仅仅依赖于课堂教学。这种多元化的思想观念使得传统以教师和学校安排为主导的教学管理模式难以满足他们的需求，必须强化学生主体地位，尊重并顺应他们多样化的学习路径选择。

另一方面，当下的大学生大多是"00后"，他们在成长过程中受到家庭、社会环境的影响，自主意识愈发强烈。他们渴望在学习、生活等方面拥有更多的自主权，能够自主决定自己的学习内容、进度以及参与校园活动的方式等。比如，在选课环节，学生们希望能根据自己的专业发展规划、兴趣爱好来挑选课程，而不是被动地接受学校统一安排。因此，教学管理理念需要重塑，充分认可并保障学生的自主权利，以强化学生主体地位，更好地契合他们强烈的自主意识。

此外，随着社会的发展和教育的普及，高校学生的个体差异在学习需求上体现得愈发明显。不同学生有着不同的学习风格、学习速度以及知识掌握程度，他们对教学资源、教学方法的需求也各不相同。例如，有些学生擅长通过理论分析来学习，而有些则更需要实践操作来加深理解；有些学生希望能快速推进学习进度，而有些则需要更多时间消化知识。传统"一刀切"的教学管理方式无法满足这些个性化的学习需求，只有强化学生主体地位，以学生为中心来设计教学管理模式，才能为每个学生提供适宜的学习支持，促进他们的个性化发展。

当学生成为主体，意味着教学应从以教师为中心转变为以学生为中心。传统教学中，教师往往是知识的灌输者，学生被动接受。而现在，教学理念需要重塑为激发学生的主动学习意愿，让学生积极参与知识的探索与建构中。

学生主体地位的强化要求教学更加注重个性化。每个学生都有独特的学习风格、兴趣爱好和能力水平。教学理念应尊重学生的个性差异，提供多样化的教学方法和学习资源，满足不同学生的需求。再者，以学生为主体意味着教学评价也需相应改变，不再仅仅以考试成绩作为唯一标准，而是要综合考量学生的学习过程、参与度、创新能力等。教学理念重塑后，评价体系应更加全面、客观地反映学生的成长与发展。强化学生主体地位还要求教学环境更加开放和互动。教学理念重塑能够为营造积极的学习氛围提供原动力，从而鼓励学生之间的合作与交流，促进知识的共享和碰撞。

（三）提高教育质量和效果

教学管理理念的重塑旨在提升教育质量，以满足学生的多样化需求。

传统的教学管理理念下，教学过程可能更注重知识的单向传递。然而，要提升教育质量和效果，就需要转变为以学生为中心的理念。现代教育强调学生的自主学习能力和创新思维的培养，这就要求教学管理理念重塑，使教学过程能够引导学生积极主动地探索知识，而不是被动接受。

为了提高教育质量和教学效果，教学评价也需要更加全面。传统的以考试成绩为主的评价方式过于单一。重塑教学管理理念后，可以构建多元评价体系，包括学生的课堂表现、实践活动参与度、小组合作能力等多个维度。这样的评价方式能够更准确地衡量学生的综合素质，进而引导教学活动更有效地开展。

另外，提升教育质量还涉及教学内容的更新。随着社会的发展，知识不断更新换代。教学管理理念的重塑可以推动教学内容的与时俱进，确保学生学到的知识和技能是符合社会需求的。比如，在科技领域快速发展的今天，增加人工智能、大数据等相关课程内容，能让学生更好地适应未来社会的发展，有效提升教育质量和效果。

（四）适应教育信息化的潮流

信息技术的迅猛发展为教育带来了新的机遇和挑战。随着信息技术在教育中的广泛应用，例如在线教育平台、智能教学工具等的出现，教学资源的获取方式发生了巨大变化。以往教学资源主要局限于书本和校内设施，现在通过网络可以获取全球范围内丰富的优质教育资源。这促使教学管理理念从封闭走向开放，学校和教师需要思考如何筛选、整合这些资源，以更好地服务于教学。

教学方式上，信息化带来了多样化的教学模式，如虚拟实验室、线上互动课堂等模式，改变了传统面对面的教学方式。这就要求重塑教学管理理念，注重培养教师运用新技术进行教学的能力，同时鼓励教师探索适合信息化环境的新教学方法，如翻转课堂，让学生在课前通过线上资源自主学习，课堂上则进行讨论和知识深化。同时，教育信息化使得教学数据的收集和分析变得更加容易。通过分析学生的学习数据，如学习进度、作业完成情况等，能够精准地了解学生的学习状态。这就要求教学管理理念向数据驱动转变，利用这些数据来优化教学策略、个性化定制学习方案，从而提高教学质量和学生的学习效果。

教育信息化也改变了教学管理中的沟通方式。借助即时通信工具、学习管理系统等，教师、学生和家长之间的沟通变得更加及时、高效。这种变化促使教学管理理念更加关注多方协同，例如，学校、家庭和社会如何形成教育合力，共同促进学生的成长。

（五）增强高校的社会责任感

高校作为社会的重要组成部分，增强社会责任感是时代赋予的使命，这必然要求对教学管理理念进行重塑。

从人才培养角度来看，社会需要的是德才兼备、全面发展的综合型人才。高校增强社会责任感意味着要培养出不仅有扎实专业知识，还具备社会道德、公益精神的学生。这就要求教学管理理念从单纯注重知识传授向知识传授与价值观引导并重转变。例如，在课程设置上，除专业课程外，应增加社会实践、社会伦理等相关课程，引导学生树立正确的社会价值观。

从科研角度来看，高校的社会责任感体现在科研成果要服务于社会。教学管理理念需要重塑，要鼓励教师和学生将科研与社会实际需求相结合。比如，高校可以和企业、社区等合作，开展一些针对性的研究项目，在教学管理中引导师生关注社会热点问题，并尝试通过科研来解决这些问题，使高校的科研成果能够真正推动社会进步。

从文化传承与创新角度来看，高校还肩负着文化传承与创新的社会责任。教学管理理念应更加注重文化教育在课程体系中的渗透，鼓励师生对传统文化进行挖掘和创新。比如，通过开展文化讲座、传统技艺实践课程等方式，让师生参与到文化传承中来，同时培养他们的文化创新能力。

从社会服务的角度来看，高校增强社会责任感需要积极参与社会公益活动。教学管理理念要做出调整，将社会服务纳入教学考核和学生评价体系。例如，组织学生参与志愿服务活动、社区教育活动等，在教学管理过程中激励师生发挥专业优势服务社会。

（六）面对国际竞争的压力

全球高等教育竞争日益激烈，国际化已成为高校发展的重要战略。重塑教学管理理念可以帮助高校提升教育质量和国际竞争力，吸引更多优秀人才和资源。

从人才培养竞争力方面来说，国际竞争需要具有国际视野、创新能力和跨文化交流能力的人才。传统的教学管理理念侧重于本土知识和技能的培养，而现在必须重塑理念。高校需要构建国际化的课程体系，例如增加国际政治、跨文化沟通等课程，让学生了解不同国家的文化、经济等情况。同时，要积极引入国际先进的教学方法，如案例教学法中使用国际企业案例，使学生能站在全球视角思考问题。

世界各国都在高科技等关键领域展开激烈角逐。高校是科研的重要力量，教学管理理念要重塑以适应这种竞争。一方面，要鼓励高校教师和科研人员关注国际前沿研究方向，加大对科研的投入，包括资金、设备等资源的分配。另一方面，要加强国际科研合作，通过与国外高校和科研机构联合开展项目，借鉴国际科研管理经验，提高自身科研水平。

良好的国际声誉能够吸引更多的国际学生和优秀教师。为了提升声誉与影响力，高校需要在教学管理中注重教学质量的国际标准。比如，采用国际认可的教学评估体系，确保教学过程和成果达到国际水准。同时，加强国际交流活动，如举办国际学术会议、学生交换项目等，这些活动的有效开展也需要教学管理理念的重塑来提供支持。

（七）应对内部管理挑战

随着高校规模的扩大和多样化发展，传统的管理模式面临诸多挑战，这些挑战使得重塑教学管理理念成为必然。

一是师资队伍的挑战。随着高校的发展，教师的专业发展需求日益多样化，不同学科、不同教龄的教师有着不同的发展目标。为应对这一情况，教学管理理念需要从统一的教师培训模式转变为个性化的专业发展规划。例如，对于年轻教师，着重教学技能的提升培训；对于资深教师，则鼓励其参与学科前沿研究的交流活动。

二是学生个性化带来的挑战。学生的学习基础、学习风格和学习目标各不相同，传统的"一刀切"教学管理无法满足学生的需求。重塑教学管理理念要以学生为中心，比如推行分层教学和学分制。分层教学可以根据学生的知识水平进行分班教学，让教学更有针对性。学分制能让学生根据自己的兴趣和发展方向选择课程，满足不同学生的学习路径需求。

三是教学资源分配的挑战。高校内部不同学科、专业对于教学资源（如实验室、科研设备、教材等）的需求差异较大，教学管理理念应重塑为灵活分配资源。例如，根据专业的发展前景和实际需求，优先将资源分配给重点学科和新兴学科，同时，利用数字化资源整合平台，使有限的资源得到更高效地利用。

四是学科融合的挑战。现代社会问题往往需要跨学科知识来解决，高校内部学科之间相对独立的状态需要改变。教学管理理念应重塑为促进学科融合，比如建立跨学科研究中心和联合课程。跨学科研究中心可以汇聚不同学科的教师和学生共同开展项目研究；联合课程则让学生能够同时学习多个相关学科的知识，提升他们综合运用知识的能力。

二、高校教学管理理念重塑的价值定位

（一）设计教育教学管理制度的理论依据

传统管理理论下，高校在开展教育教学和管理工作的过程中更注重设定规则，并要求各组织和部门严格部署和落实，以管理者的经验和主观意识为核心，制定规则、流程、制度和规范。虽可构筑有规矩、有标准的教育教学管理环境，但不利于培养学生自主能动性、创造力和想象力。

教学管理理念的重塑为教育教学管理制度的设计提供了理论基础和方向指导，它能够促

进高校对传统教育管理模式的反思与改进，以适应新时代教育发展的需求。具体表现为以下几点：

以学生为中心：传统的教学管理往往以教师为中心，重视知识的传授，而现代教育管理理念强调以学生为中心，关注学生的个性化发展、兴趣和需求。教学管理理念的重塑，使得高校在设计教育教学管理制度时，必须更加关注学生作为主体的地位，强调以人为本的教育思想，致力于创造一个支持性和鼓励性的环境，让学生在自由探索和自主学习中发挥潜能，进而培养他们的创新能力和批判性思维。

协同合作：重塑教学管理理念强调教师、学生、家长和社会各方的协同合作，形成教育合力。这种理念促使在教育管理制度设计中完善各方的沟通与合作机制，建立有效的反馈和支持系统，以提升教育质量。从教师层面来看，协同合作意味着不同学科的教师可以打破学科壁垒，共同开展教学研究和课程设计；对于学生而言，协同合作能够培养他们的团队合作能力和沟通技巧；从学校管理角度出发，强调协同合作可以整合学校内部的各种资源，提高资源利用效率。

终身学习：现代社会快速变化，教育不应局限于学校阶段，而应围绕终身学习的理念展开。教学管理制度需要设计灵活的课程和培训项目，以适应不同年龄、不同背景学习者的需求，推动学习的连续性和多样性。

数据驱动决策：重塑教育管理理念要求在决策中充分利用数据，通过教育数据分析来指导教学实践和管理决策。这意味着教育管理制度需要整合信息技术，建立数据收集与分析机制，以为教育改革提供科学依据。

创新与灵活性：面对快速变化和发展的社会和科技，教育管理理念的重塑要求教育机构具备创新精神与灵活应变的能力。教育教学管理制度应允许试验与探索，鼓励教师和学生进行创新实践，以适应不断变化的教育需求。

关注学生心理健康与全面发展：现代教育管理理念也越来越重视学生的心理健康和全面发展。教育教学管理制度需要纳入心理健康教育、德育等方面的内容，关注学生的情感与社会能力培养，促进其全面发展。

（二）优化教育教学管理模式的目标

教学管理理念的重塑不仅是对教育教学管理模式的优化，更是对教育本质的深刻理解与再认识。通过重塑教学管理理念，我们能够创建一个更加公平、创新与合作的教育环境，最终实现教育的根本目标——培养全面发展的优秀人才。这一过程将为教育事业的可持续发展提供强大的动力，为社会的未来注入新的活力。

首先，在教学组织形式方面，新的理念能够促使高校的教育管理模式从传统的班级授课制为主向更加灵活多样的形式转变。例如，以个性化学习理念重塑后，管理模式可以支持线上线下混合式学习、个别辅导等多种方式并存。学校可以根据学生的学习进度和需求，灵活安排教学空间和时间，而不是让所有学生按照统一的进度固定在教室学习。

其次，从资源管理角度来看，重塑后的教学管理理念有利于优化资源配置。如果秉持资源共享和整合的理念，教育管理模式会加强对数字化教学资源的建设和管理。学校可以搭建资源共享平台，将优质的课件、教学视频等资源整合在一起，方便师生使用。同时，科学化的管理理念意味着要充分运用数据分析与现代信息技术，建立健全教育数据平台，对教学过程中的各类数据进行全面收集与分析。这不仅能够帮助教育管理者及时掌握教学动态，还能为教师提供有针对性的反馈，从而促进教学质量的提升。

再者，在教学评价环节，重塑教学管理理念能够推动评价模式的优化。比如，以过程性评价理念重塑后，教育管理模式会改变过去只看重期末考试成绩的做法，建立起一套包括课堂表现、作业完成情况、小组项目参与度等多维度的过程化评价体系。这种评价模式可以更全面地反映学生的学习状态和进步情况，从而为教学调整提供更准确的依据。

最后，重塑教学管理理念还能够优化教育管理中的人员管理模式。对于教师，如果新的理念强调教师的专业发展和创新教学，管理模式就可以设立更多的教师培训和激励机制，如定期的教学研讨会、优秀教学成果奖励等。对于学生，管理模式可以从注重纪律管理向引导学生自我管理转变，培养学生的自律意识和自主学习能力。此外，在传统的教育管理模式中，决策权往往集中在少数管理者手中，教师和学生的声音常常被忽视。教学管理理念的重塑会推动建立一个多元参与的决策机制，通过教师、学生、家长等多方参与的协商机制，形成更加符合实际需要的教育政策。

（三）高校教育教学改革的内在要求

高校教育教学管理工作的推进，要与时代发展和人才需求新标准保持统一性和一致性。高校要不断对教育教学管理内容和方法进行优化，以此保证能培育和孵化符合国家和社会需求和要求的高精尖人才。

适应人才培养目标的转变。随着社会的发展和科技的进步，高校所承担的人才培养目标也在不断变化。传统的以知识传授为主的教学模式已不能满足当今社会对创新型、复合型人才的需求。新的人才培养目标更加注重学生的综合素质、实践能力和创新精神的培养。这就要求高校教学管理理念必须更新，从以教师为中心转变为以学生为中心，从注重知识传授转变为注重能力培养，为实现新的人才培养目标提供理念支持。

推动教学方法的创新。高校教育教学改革需要不断创新教学方法，以提高教学效果和学生的学习积极性。例如，采用探究式教学、项目式教学、翻转课堂等新型教学方法，这些教学方法强调学生的主动参与和自主学习，需要教学管理理念的更新来支持。教学管理部门要鼓励教师尝试新的教学方法，提供相应的培训和资源支持，建立与之相适应的教学评价体系，从而推动教学方法的创新。

促进教学资源的优化配置。高校教学资源包括师资、教材、实验室、图书馆等。在教育教学改革过程中，需要对这些教学资源进行优化配置，以提高资源的利用效率。教学管理理念的更新可以促使高校更加注重教学资源的整合与共享，打破学科之间、部门之间的壁垒，实现教学资源的最大化利用。例如，建立跨学科的教学团队、共享教学实验室、建设数字化教学资源平台等，都需要教学管理理念的更新来引领。

提升教学质量的保障。教学质量是高校的生命线，高校教育教学改革的最终目的是提高教学质量。教学管理理念的更新可以为教学质量的提升提供有力保障。一方面，更新后的教学管理理念更加注重教学过程的管理和监控，建立科学合理的教学质量评价体系，及时发现和解决教学中存在的问题；另一方面，教学管理理念的更新可以促进教师的专业发展和教学水平的提高，通过激励机制和培训体系，鼓励教师不断更新教学内容、改进教学方法，从而提升教学质量。

三、现代化教育理念的全面推进

现代化既是人类文明发展的动力和手段，也是人类文明进步的标志和形态，更是世界各国的共同追求。在长期的发展过程中，经过党的理论创新和实践探索，我们成功推进和拓展了中国式现代化。教育现代化既是国家现代化的重要组成部分，更是中国式现代化的基础支撑和引擎。教育现代化事关国家发展和民族未来，是全面建设社会主义现代化国家的基础性、战略性支撑。没有教育现代化，就没有国家的现代化，也就没有中华民族的伟大复兴。

教育现代化首先是教育理念的现代化，教育理念或观念的现代化是教育现代化的灵魂，教育理念现代化对于教育体系、制度、内容、方法和治理的现代化具有引领和导向的作用。《中国教育现代化2035》提出了八大理念：更加注重以德为先、更加注重全面发展、更加注重面向人人、更加注重终身学习、更加注重因材施教、更加注重知行合一、更加注重融合发展、更加注重共建共享。

（一）现代化教育理念的产生

1. 社会变革的推动

19世纪末20世纪初，工业革命带来了生产方式的变革，社会对人才的需求发生了变化，促使教育理念向适应性和实用性转变。随着全球化的推进，各国文化、经济和教育的交流日益频繁。这种交流不仅丰富了教育内容，也促使教育理念向开放、多元化发展，强调跨文化理解和国际视野。

同时，社会变革也推动了教育公平的理念。随着对教育权利的重视，现代化教育理念越来越关注不同背景学生的需求，倡导包容性教育，确保每个学生都有平等的学习机会。教育理念也逐渐向人文关怀、道德教育和社会责任感倾斜。现代教育不仅关注知识的传授，更强调学生的全面发展和社会适应能力。

2. 科学与技术的进步

现代科学的迅猛发展使得教育内容和方法不断更新，强调批判性思维和创新能力的培养。新时代，信息技术的普及为教育提供了新的工具和手段，改变了人们获取信息和学习的方式。在线教育、混合学习和自适应学习等新模式的出现，使得教育更加灵活和个性化，促使教育理念向以学生为中心转变。

3. 教育理论的发展

随着时代的变迁，教育理论动态演进，呈现一个多维过程。

（1）古代教育理论

孔子与儒家思想：强调"仁义礼智信"，主张教育对于个人道德与社会和谐的重要性。

希腊哲学：苏格拉底、柏拉图和亚里士多德提出了"对话式"教育和理想国的概念，强调知识与哲学的结合。

（2）中世纪教育

宗教教育：教育主要由教会主导，强调宗教信仰和经典学习。大学的建立促进了学术研究的发展。

（3）文艺复兴时期与启蒙时期

人文主义：重视个人的价值与能力，教育开始关注人的全面发展。

启蒙思想家：如卢梭提出"自然教育"，强调儿童的天性和体验式学习。

（4）19世纪的教育理论

实用主义教育：约翰·杜威主张教育应与社会生活相结合，强调经验学习和批判性思维。

行为主义：如华生和斯金纳，强调可观察行为的研究，影响了教学方法和测评手段。

（5）20世纪的教育理论

建构主义：皮亚杰和维果茨基的理论强调知识是通过社会互动和个人经验建构的，倡导以学生为中心的学习方式。

人本主义教育：如卡尔·罗杰斯，强调个体的自我实现和情感教育。

（6）后现代教育理论

多元文化教育：强调文化多样性和教育的公平性，关注不同背景学生的需求。

批判教育理论：如保罗·弗雷雷，关注教育的政治性和社会正义，强调教育作为解放的工具。

（7）当代教育理论

技术与教育：随着科技的进步，在线学习、混合学习等新模式不断出现，教育理论也开始受到技术的影响。

终身学习：现代社会强调终身学习的理念，教育不再局限于学校阶段，而是贯穿一生，强调适应性和灵活性。

（二）现代化教育理念的特征

1. 教育的民主性和公平性

教育的民主性和公平性是现代教育体系中不可或缺的核心理念。这一理念强调每一个个体，无论其社会背景、经济状况或文化差异，都应享有平等的教育机会。教育的公平性不仅仅体现在入学机会的均等，更重要的是在教育资源的配置、教学质量的保障以及教育成果的实现等方面，确保每位学生都能够在公平的环境中得到发展。在探讨教育的民主性时，我们首先必须认识到教育不仅是知识的传递，更是价值观的培养和社会责任感的塑造。教育应当帮助学生形成独立思考能力，培养其批判性思维和创新意识，使其能够在未来的社会中积极参与、贡献力量。民主教育的本质在于尊重学生的声音，让他们在学习过程中参与决策，从而增强他们的主体性和责任感。这种参与不仅可以提高学生的学习兴趣，还能增进其对教育过程的认同感。

全球化背景下，高等教育不仅是个人发展的重要途径，更是社会进步和国家发展的基石。随着科技的迅猛发展和经济的不断变化，教育公平性的问题愈加凸显。许多国家和地区在追求高等教育普及的过程中，面临着诸多挑战，这些挑战不仅涉及政策制定，还涉及社会结构和文化认同的深层次变革。

首先，教育资源的分配不均是导致高等教育公平性缺失的主要因素之一。许多地区，尤其是农村和偏远地区，教育资源匮乏，优质师资力量不足，导致这些地区的学生升学和接受高等教育的机会大大减少。为了改善这一现状，政府和教育机构需要采取有效措施，例如加大对贫困地区教育的财政投入，推动教育资源的合理流动与共享；鼓励优秀教师前往乡村学校任教，通过政策激励和生活保障等方式，提升乡村教育的质量等。其次，社会经济背景对高等教育公平性的影响也不容忽视。家庭的经济状况直接影响到学生的学业选择和发展路径。经济条件较差的家庭往往无法承担高昂的学费和生活费用，导致许多有潜力的学生被迫放弃升学的机会。为了解决这一问题，国家正积极推动奖学金、助学金等资助政策的实施，确保每个学生都能在经济上获得支持。再者，文化因素也在高等教育的公平性中扮演着重要角色。不同文化背景的学生在求学过程中可能面临不同的挑战，尤其是在语言、习俗和学习方式等方面的适应性问题。高等教育机构应该致力于创建包容性更强的校园环境，鼓励多元文化的交流与融合。通过开展文化交流活动、设立多语言的支持服务，帮助来自不同文化背景的学生更好地融入校园生活，实现自我价值。

值得欣喜的是，技术的迅速发展为提高高等教育的公平性提供了新的机遇。在线教育和远程学习的兴起，使得更多的学生能够跨越地理限制，获得高质量的教育资源。教育单位应积极探索混合式学习模式，利用现代技术手段，优化课程设计，丰富教学内容，从而满足不同学生的需求。同时，政府应加大对信息技术基础设施的投入，确保偏远地区的学生也能享受到数字学习的便利。

推动高等教育的公平性与民主性不仅需要政策的支持，更需要全社会的共同参与。教育工作者、家庭、社区和企业等各方应形成合力，共同关注教育公平问题，推动社会资源的合理配置。通过建立跨部门合作机制，汇聚各方力量，共同营造良好的教育生态，为每一个学生的成长与发展创造更为宽松和公平的环境。

2. 教育的个性化和差异化

随着教育技术的不断进步和现代化教育理念的更新，个性化教育与差异化教学已成为高等教育发展的重要方向。教育者不再仅仅关注学生的统一需求，而是更加强调每个学生的独特性与个性发展。为此，高等教育机构应积极探索多样化的教学模式，以适应不同学生的学习风格和兴趣。结合大数据和人工智能等现代技术，高等教育机构能够更精准地识别学生的学习需求和潜力，从而制定个性化的学习计划。

在个性化教育的实施过程中，教师的角色正在发生变化。传统的教师角色主要是知识的传授者，而在个性化教育中，教师更多地成为学习的引导者和支持者。他们需要根据学生的反馈和学习进度，灵活调整教学策略和内容，以促进每位学生的深度学习和创新能力的提升。教师的这种转变不仅要求其具备专业知识和教学技能，还需要良好的沟通能力和敏锐的洞察力，以更好地理解和满足学生的个性化需求。此外，课程设置的灵活性也是实现个性化和差异化教育的重要因素。高等教育应该鼓励学生根据自己的兴趣和职业规划，自主选择课程和学习路径，这种自主选择能够激发学生的学习动机，提高学习效果。在此过程中，跨学科的课程设计有助于学生在不同领域之间建立联系，培养综合素养和创新思维。通过多样化的课程选择和灵活的学习方式，学生能够在自己的学习旅程中，探索更广泛的知识领域和实践经验。

在高等教育的个性化和差异化发展中，学习评估的方式也进行了相应的调整。传统的考试评估往往侧重于学生的记忆和理解能力，而个性化教育和差异化教育则更注重学生的综合素质和实践能力。因此，越来越多的学校采用多元化的评估方式，如项目式评估、同行评审和自我评估等，以全面反映学生的学习成果和能力发展。这些评估方式不仅能够激励学生积极参与学习过程，还能培养他们的批判性思维和自我反思能力。

个性化和差异化的高等教育不仅是对学生个体需求的回应，也是未来社会发展的必然要求。在全球化和信息化的背景下，社会对人才的需求日益多样化和复杂化。高等教育必须培养出能够适应快速变化的社会环境和经济形势的创新型人才。通过构建以学生为中心的个性化教育体系，高等教育将能够更好地服务于学生的成长与发展，为社会提供高素质的人力资源。未来的高等教育应在个性化和差异性中找到平衡，创造出更加开放、包容和多元的教育生态。

3. 教育的多元化和包容性

教育理念的多元化和包容性不仅体现在教育内容的丰富性上，更在于如何通过多样化的教学方法和环境来满足不同学生的需求。通过教育，学生应当学会尊重和理解不同文化与价值观，培养全球视野和人文关怀。教育的民主性和公平性不仅关乎个人的成长，也关乎整个社会的稳定与和谐。一个包容性强的教育系统能够培养出具有良好社会责任感和公民意识的公民，从而为社会的可持续发展奠定基础。

随着全球化进程的加速，各国文化的交融使得教育成为一个更加复杂和多元的领域。在这种背景下，教育者应当认识到，传统的单一教育模式已难以适应当今学生的多样化需求。

首先，多元化的教育理念强调了文化背景的差异性。在课堂中，教师需要尊重每位学生的文化背景，鼓励他们分享自己的经历和观点，这不仅能增强学生的自信心，也能促进同学间的相互理解与尊重。其次，包容性的教育理念要求教育者提供公平的学习机会。这意味着教育工作者需要关注那些在传统教育体系中可能被边缘化的学生，如有特殊学习需求的学生、少数族裔学生等。为了实现这一目标，学校可以实施个性化学习计划，根据每位学生的特点制定相应的教学策略。此外，在线学习和混合学习的兴起，为实现教育的多元化和包容性提供了新的机遇。现代科技使得教育资源的获取变得更加便捷，学生可以根据自己的时间安排和学习节奏选择适合自己的学习方式。

教育理念的多元化和包容性还需要来自家庭和社会的支持。教育不仅仅是学校的责任，家庭和社区的参与同样至关重要。学校与家庭的紧密合作能够为学生提供一个更加稳定和得到支持的学习环境。教育者应当定期与家长沟通，了解学生在家庭中的学习情况，共同探讨如何为学生创造更好的发展空间。同时，社会机构也应积极参与教育过程，为学校提供资源支持，组织各类活动，促进学生全方位地发展。

教育理念的多元化和包容性是实现教育公平和质量提升的重要途径。通过尊重文化差异、提供公平机会、利用科技手段、跨学科整合以及家庭和社会的支持，教育者能够更好地满足每一位学生的需求，培养出适应未来社会的多元化人才。未来的教育应当更加关注个体差异，推动教育的改革与创新，以实现真正意义上的公平与包容。

4. 教育的终身性和全时空性

教育的终身性和全时空性不仅仅是一个理念，更是当今社会发展的必然要求。教育应该贯穿人的一生，生命不息，学习不止。随着科技的迅速进步和社会的不断变革，个体的学习需求和学习方式也在发生深刻的变化。传统的教育模式往往局限于特定的时间和空间，而现代教育则强调打破这种限制，倡导在任何时间、任何地点都可以进行学习。这种转变不仅体现在学习的场所和时间上，还体现在学习的内容和方式上。

教育的终身性意味着学习不再局限于学校的课堂，个体在其一生的不同阶段，都需要根据自身的需求进行学习和自我提升。无论是职场技能培训，还是生活中的兴趣爱好，学习的内容应当多样化，满足个体在不同阶段的不同需求。这种学习的灵活性，使得教育不仅仅是获得知识，更是个人成长和发展的持续过程。教育的全时空性使得学习变得更加方便和高效。得益于信息技术的发展，在线学习、远程教育等形式层出不穷，人们可以利用碎片化的时间，通过网络获取知识，参与课程，甚至进行互动和交流。这种方式不仅打破了时间和空间的限制，还极大地降低了学习的机会成本，使得更多的人能够参与到教育中来。这一转变为教育的公平性和可及性提供了新的可能。

然而，教育的终身性与全时空性也带来了新的挑战。首先，如何保证学习的质量成为一个亟待解决的问题。随着学习资源的丰富，信息的泛滥使得个体在选择学习内容时面临困惑，如何筛选出高质量的学习材料成为一项重要的能力。其次，学习者的自我管理能力也显得尤为重要，个体需要具备良好的自律性和时间管理能力，以便在繁忙的生活中合理安排学习。最后，教育的全时空性要求教育者不断更新自身的知识和教学方法。教师不仅需要掌握学科知识，还要了解信息技术的应用，能够灵活运用多种教学工具和平台，满足学生多样化的学习需求。这也意味着教师的职业发展需要与时俱进，持续进行专业培训和自我提升。

教育的终身性和全时空性不仅是对传统教育理念的挑战，更是对未来教育模式的探索。通过适应时代发展的需求，优化学习内容和方式，提升教育质量和公平性，我们能够为每个人的成长和发展提供更为广阔的空间与机会。

（三）现代化教育理念的应用

新时代背景下，现代化教育理念的应用不仅体现在教育理论的创新上，更在于教育实践的深入推进。

随着信息技术的迅猛发展，教育的数字化、智能化已成为大势所趋。从在线课程到虚拟课堂，教育形式的多样化使得学习不再局限于传统的教室环境，学习者可以在任何时间、任何地点获取知识。这样的转变不仅提升了学习的灵活性，也极大增强了学习的个性化体验，符合以学生为中心的教学理念。

现代化教育理念强调跨学科的融合与创新，促进了学科之间的协同发展。在新时代的教育体系中，单一学科的界限逐渐模糊，综合性课程逐渐受到重视。通过项目制学习、探究式学习等方式，学生能够在解决实际问题的过程中，整合不同学科的知识，提高综合素养和实践能力。这种跨学科的教育方式不仅培养了学生的批判性思维和创造力，也为他们未来的职业发展奠定了坚实的基础。为适应未来社会的复杂性，教育者需要设计出更加灵活和开放的课程体系，以便于学生在真实情境中进行学习和应用。通过引入 STEAM（科学、技术、工程、艺术和数学）教育理念，学生不仅能在科学和技术领域获得知识，还能培养他们的艺术素养和人文关怀，这种综合能力的提升，使得学生在面对多元化的职业选择时，能够更具竞争力。

教师角色转变方面，现代化教育理念要求教师从知识的传递者转变为学习的引导者和支持者。新时代的教师不仅需要具备扎实的学科知识，更要理解学生的个体差异，能够根据学生的兴趣和需求设计个性化的学习方案。教师需要通过数据分析等手段，及时掌握学生的学习情况，从而提供更具针对性的指导。此外，教师积极鼓励学生进行自主学习和合作学习，培养他们的自我驱动能力和团队协作精神。在此背景下，教师要不断更新自身的教育理念和教学方法，参与专业培训和学习，以适应教育环境的变化。通过定期的反思和实践，教师可以更好地理解如何有效地激发学生的学习兴趣和潜能。

现代化教育理念还强调情感教育与人文关怀的重要性。教育不应仅仅关注学生的学业成绩，更应该关注他们的心理健康与社会适应能力。在新时代的教育实践中，教育机构应加强对学生情感和心理发展的关注，通过心理辅导、团队活动等形式，帮助学生建立积极的自我认知和良好的人际关系。教师应当成为学生的心理支持者，关注他们的情绪变化和心理健康，营造安全、包容的学习环境，帮助学生建立积极的自我认知。通过开展社会实践活动和项目式学习，增进学生的社会责任感和实践能力，帮助他们在真实情境中应用所学知识。这样的教育模式有助于培养学生的社会责任感和人文关怀意识，使他们在未来能够更好地融入社会，并为社会的发展贡献力量。

现代化教育理念的应用还需要政策与制度的支持。当前各级教育部门均积极探索教育改革，制定符合新时代要求的教育政策，保障教育公平与质量。在资源配置上，重视对农村和偏远地区教育的投入，缩小城乡、区域之间的教育差距。同时，鼓励学校与社会、企业的合作，拓展实践基地和实习机会，为学生提供更丰富的学习体验和成长空间。

现代化教育理念在新时代的应用，意味着教育要与时俱进，适应社会发展的需求。通过推动教育形式的多样化、强化跨学科的整合、转变教师角色、关注情感教育和加强政策支持，共同为学生创造一个更加全面、开放和包容的学习环境。这样的教育不仅有助于学生的个人成长，也将为实现社会的可持续发展打下坚实的基础。

四、高校教学管理理念策略与应用

（一）刚柔相济的管理理念

在新时代背景下，高校教学管理理念的更新与变革迫在眉睫，其中重塑刚柔相济的管理理念显得尤为关键。这一理念不仅强调在管理中坚持原则、规范操作的"刚"的要素，同时也注重以人为本、因情施策的"柔"的灵活性，旨在构建一个更加高效和和谐的教学管理体系。

在重塑高校教学管理理念的过程中，首先需要明确的是，管理者的角色不仅仅是监督与控制，更是引导与服务。管理者应当积极倾听师生的声音，了解他们在教学过程中遇到的困难与需求，从而在管理决策中充分考虑各方利益，形成共识。这种双向沟通与合作的管理模式，有助于增强师生的参与感和归属感，构建团结共进的和谐氛围。构建刚柔相济的管理理念，不仅有助于提升高校的教学质量，也能为学生创造更加开放、包容的学习环境，使他们能够在激烈的竞争中平衡自我、脱颖而出、全面发展。

刚性管理是教学过程中不可或缺的部分，它通过制定明确的规章制度，确保教育活动的规范性和有序性。美国和欧洲国家的一些研究表明，清晰的规章制度对于确保教学质量具有重要作用，在高校教学中更是起着轴心的角色。例如，教学计划的制定、课程内容的审批都需要严格按照既定的学术标准和教学目标来进行。在这一过程中，高校必须确保各项制度能够响应国家战略调整和产业结构优化的需求，有效地对接社会需求与高等教育供给侧的改革。在高校教学管理的"刚性"体现中，除了明确的规章制度，评估与考核机制同样是确保教育质量的重要手段。高校不仅要制定详细的课程标准和教学大纲，还需建立科学合理的评估体系，以便及时跟踪和监控教学效果。通过定期的教学评估，教师的教学水平和课程的有效性能够得到客观评判，从而促进教师持续的自我改进。这种评估机制的"刚性"体现在其对教学质量的严要求与高标准，确保每一位教师和学生都能在明确的目标和规范下进行教学与学习。

随着现代教育理念的不断更新，传统的教学方式面临着新的挑战，高校应当在"刚性"与"灵活"之间找到平衡。在课程设计中，必须遵循教育部的相关规定与标准，确保课程内容的科学性和前瞻性。教师在教学方法的选择上应遵循一定的规范，以保证教学效果的可控性与可靠性。通过系统化的培训与指导，教师能够在既定的框架内发挥其创造性，探索更为有效的教学方法，从而提升教学质量。教学管理中的刚性还体现在对教学资源的合理配置和使用上，不同学科的教学需求和资源需求各不相同，高校需要通过有效的资源管理制度，确保教学资源能够公平合理地分配给各个学科和专业，最大限度地发挥资源的效用，促进各学科的协调发展。此外，学生管理的"刚性"同样不容忽视。高校应制定明确的学生行为规范和学业要求，对学生的学业进展、课堂表现和课外活动进行严格的监督与管理。通过建立学生学业预警机制，及时发现和解决学生在学习过程中遇到的困难，帮助学生树立正确的学习态度和价值观。最后，信息技术的应用为高校教学管理的"刚性"提供了新的支撑。通过建立智能化的教学管理平台，高校能够实时监控教学过程，及时反馈学生学习情况，实现数据驱动的精准管理。这种技术手段不仅增强了管理的透明度和公正性，也为教学活动的规范化和系统化提供了有力保障。高校可以通过数据分析，发现教学中的潜在问题，进而调整教学策略与管理措施，以更好地适应教育发展的需求。

与此同时，教学管理理念需融入柔性策略，关注学生学业发展的个性化需求，灵活调整教学策略和管理手段。柔性管理的核心是提高学生满意度和参与度，激发学生的学习兴趣和创新能力。针对不同学生特点提供个性化教学指导和资源配置成为现代高校教学管理的趋势。授权式的领导方法就是实现柔性管理的一个有效途径，它为教师和学生提供了更大的自主权和创新空间，有助于培养学生的批判性思维和解决问题的能力。

实践中，确立刚柔相济的管理理念需要教学管理者具备高层次的决策智慧和敏锐的情境识别能力。一个典型的例子是，如何在保证教学质量的前提下，适应学生需求的多样化和社会发展的快速变化。为此，管理者须具备从教学大局出发，识别和平衡各种利益关系的能力，并根据不同学科特点、师资力量和学生背景，精准施策，动态调整教学内容和形式。

刚柔相济的管理理念在新时代的复杂教育环境下显得尤为重要，它既维护了教学的基本秩序和质量，又满足了学生个性化发展和自主学习的需求。高效的刚柔相济教学管理运行机制需要一个系统化思维的支撑，这意味着教学管理不再是一项纯粹的技术操作，而是一个涉及多方利益、多层关系和多维度目标的复杂系统工程。在这一工程中，高校需要建立一套基于系统理论的管理模型，对教学活动进行全面监控和评价，既要保证教育质量，又要兼顾创新发展，并持续优化管理流程和机制。

（二）竞争与合作相结合的管理理念

在高等教育的教学管理领域，核心理念的重塑对于适应新时代的复杂多变环境至关重要。当前，高校教学管理越来越注重培养学生的竞争能力以及合作精神，从而实现个体发展与集体进步的良性循环。这种竞争与合作相结合的管理理念不仅与社会的主要矛盾变化相吻合，也符合教育的根本任务——育人。该管理理念体现了对学生能力培养的全方位关注，强调通过竞争激励学生积极性，同时通过合作培养学生的团队精神与社会责任感。

竞争机制在高校教学管理中发挥着不可替代的作用，它有助于激发学生的学习热情和创新动力。高校可以对教学成果和学生表现进行量化评估，创建公正透明的竞争平台。例如，学术成果展示、科研项目竞赛、奖学金评选等，这些活动都能促使学生在正向的竞争中不断提升自身的知识水平和研究能力。当然，竞争必须建立在确保教育公平的基础上，只有在保障每位学生都享有平等学习机会的前提下，竞争才能产生正面效益。因此，高校需构建合理的评价指标和激励体系，确保竞争机制的健康运作。

与此同时，教学管理理念中的合作元素也同样重要。在日益复杂的社会环境和跨学科的知识体系中，合作成为必不可少的能力。高校应建立和完善跨学科的项目合作平台，鼓励学生在实践中学会沟通和协作，通过团队项目、课程设计、社区服务等多种形式的合作能有效锻炼学生的团队协作和解决实际问题的能力。教学管理部门需要强化学生团队协作的教学环节，为学生提供合作学习的机会和空间，使他们在促进个人技能提升的同时，也能增强社会责任心和集体荣誉感。

教学管理理念的创新要求高校在推进竞争与合作结合的过程中做到公平与效率并重。教学管理部门需策划和推动多个层面的改革，包含课程内容、教学方法、评价体系等，使之与全面育人的目标相契合。例如，应结合不同学生的发展需求和潜能，提供个性化的学习计划和途径，调动学生的主体性和创造性；在评价机制上，引入多元评价，既注重学生的知识掌握程度，又考察他们的协作精神、创新意识和实践能力。这样的改革不仅仅是管理手段上的革新，更是对高等教育价值观和育人理念的深度诠释。

高校教学管理理念的重塑既是适应新时代教育发展需求的必然选择，也是推动高等教育质量和水平提升的关键。竞争与合作相结合的教学管理理念更是教育创新的核心，能够有力促进学生全面发展，为社会培养出能够适应未来挑战的高素质人才。因此，新时代的高校必须深化教学管理理念的改革，构建开放多元、竞合并致的教育生态，为学生的终身发展和社会的长远进步奠定坚实基础。

（三）从权力集中到民主管理的管理理念

从权力集中到民主管理的理念，不仅关注管理权力的合理分配，还强调参与主体的多元化和民主化。在此过程中，教学管理不仅仅是简单的权力分配，更是教育生态系统中各个参与者之间关系的重塑。教师、学生、管理者之间的互动关系日益重要，形成了一个协同发展的教学环境。这一理念转变体现了现代教育管理的基本原则——以人为本，尊重教师、学生的主体地位，鼓励他们参与教学决策、资源配置和质量评估等各个方面，共同推进教学改革与发展。

从权力集中到民主管理的理念转换，是教学管理从模式到效果的质的飞跃。在传统模式下，管理重心常常集中于管理者，容易陷入权威主义的管理误区，而非充分激发教师与学生的积极性。现代高等教育背景下，教育的民主化要求管理者释放权力，将教学管理转变为服务学生发展、服务教师发展的管理方式。这不仅有利于激发教师的创新精神和教学责任感，还能够促进学生自主学习能力和创新能力的提高。

首先，民主管理模式强调教师和学生作为教育主体的参与权。教师不仅是知识的传授者，更是教育过程中的合作者和参与者。通过建立教师参与决策的机制，有效增强教师的责任感和归属感，使他们能够在教学中发挥更大的主动性和创造性，让教师的专业意见和教学实践能够直接影响高校管理政策的制定，从而使得管理更加贴近实际，符合教学的需求。同时，学生的声音也同样被重视，要创造学生参与管理的渠道，鼓励学生参与到教学评价、教学内容和方式的改革中来，以充分利用他们的创造力和独特视角改进教学过程，真正实现权力的下放和责任的共享。其次，民主管理不仅仅是权力的分享，更是资源的优化配置。在传统的管理模式中，资源的配置往往由管理者单方面决定，导致教育资源的浪费和不均衡。而在民主管理的框架下，各方利益相关者可以共同参与资源的分配与使用，从而实现资源的高效利用。例如，学校可以通过设置教师与学生共同参与的委员会，来讨论和决定教学资源的使用方案，确保每一位参与者的需求都能得到合理的满足。最后，民主管理模式的建设需要时间的积累和文化的沉淀。教育管理者在推动民主管理的过程中，必须重视文化建设，培养全校师生的民主意识，增强他们的参与热情。通过定期举办相关的培训和研讨活动等方式，鼓励大家分享经验和观点，营造一个相互尊重、相互信任的氛围。

实现教学管理理念的根本转变，高校需不断强化自我管理能力，构建开放互动、协同发展的教学管理生态。这种生态既要促进管理权力的合理下放和分散，又要确保管理活动的透明公正和效率提升。只有这样，高校教学管理体系才能真正实现自身的适应性、持续性发展，也才能为培养新时代高素质创新人才打下坚实的基础。

第三章　高校教学管理组织的重构

高校教学管理组织的重构不仅是提升教育质量的必要手段，更是在面对快速变化的社会需求和技术进步中，实现教育现代化的重要途径。重构教学管理组织能够促进教育资源的优化配置，打破传统的资源壁垒，使各类教育资源得以高效整合，从而实现资源的最大化利用，同时可以增强教学管理的灵活性与适应性，使高校更好地应对外部环境的变化。此外，重构教学管理组织也有助于培养教师的专业发展与创新意识。通过建立更为扁平化和协作化的管理结构，教师能够在更自由的环境中进行教学创新，分享教学经验，从而推动整体教学质量的提升。

一、教学管理组织的基本理论

（一）古典组织理论

古典组织理论体系产生于资本主义工业化初期，由经济学家亚当·斯密和马克思·韦伯等学者的理念发展而来。古典组织理论强调建立专业分工、形成等级化的指挥系统、理性地进行人事行政、非人格化的人际关系、建立稳定详尽的规章制度和办事程序、管理人员有固定的薪金和明文规定的升迁制度，以及建立文牍制度等。这些原则旨在通过规范化和制度化来提高组织效率和稳定性。古典组织理论的发展还体现在对组织结构与管理实践的深刻认识上，尤其是对组织内部分工与协作的重视。

1. 主要代表人物及观点

泰勒：他被称为"科学管理之父"。泰勒的理念重点在于通过科学的方法来提高工作效率。在教学组织管理中，这体现为对教学流程进行细致分析，例如将教学任务分解为具体步骤，确定完成每个步骤的最佳时间和方法，以此来提高教学的效率。像在课程设计环节，精确计算每个知识点讲解所需时间，安排合理的教学进度。

法约尔：他是管理过程学派的创始人。法约尔提出了管理的五大职能，即计划、组织、指挥、协调和控制，这些职能在教学组织管理中有重要的应用。例如在教学计划方面，学校要根据教育目标制定课程计划、教学大纲等；在组织方面，合理安排教师、学生、教学设施等资源；指挥则体现在对教师教学活动和学生学习活动的引导；协调包括协调各学科教学之间的关系、师生之间的关系等；控制体现为对教学质量的监控和评估。

韦伯：他提出了理想的行政组织体系理论。在教学组织管理中，这意味着构建一个层级分明、分工明确、规则严格的教学管理体系。比如在学校中，从学校管理层到各个教学部门，再到教师和学生，形成一个金字塔式的结构，每个层级都有明确的职责和权限，教学活动按照既定的规则和程序进行。

2. 理论特点

强调分工：古典组织理论认为合理的分工可以提高效率。在教学组织中，这种分工体现为教师按照学科和专业进行划分，负责特定课程的教学；学校管理人员也有明确的职责范围，如教学管理、学生管理等。

注重层级关系：它构建了一个层级式的管理结构，上级对下级进行指挥和监督。这种结构有助于保证命令的统一传达和执行，在教学管理中可以确保学校的政策、教学要求等能够有效落实。

追求效率原则：以提高效率为核心目标，通过标准化的工作流程和严格的规章制度来实现。在教学组织管理中，会出现标准化的教学计划、统一的考试制度等来保证教学效率。

3. 理论局限性

对人的因素关注不足：古典组织理论主要关注组织的结构和效率，相对忽视了教师和学生的个性、需求和积极性。例如，在严格的分工和层级制度下，教师可能会缺乏教学创新的动力，学生也可能会被当作标准化的生产对象，而不是具有个性的学习者。

缺乏灵活性：由于强调规则和程序的固定性，在面对复杂多变的教学情况和学生需求时，这种理论可能会显得僵化。比如在面对新兴学科的出现或者教学改革的需求时，严格的层级结构和标准化流程可能会阻碍教学组织的快速调整。

（二）人际关系理论

人际关系理论由美国心理学家梅奥在 20 世纪 20 年代末期通过霍桑实验发展而来，后经西蒙等管理学家充实发展，形成了行为科学的组织理论。这一理论强调人是组织的主导因素，重视人的需要和特点，建立新的权威概念和领导能力概念，以及重视和推动非正式组织的积极作用。人际关系理论挑战了古典组织理论的纯理性视角，更加注重人的情感和社会因素在组织中的作用。人际关系理论不仅关注个体在组织中的行为，还强调了人际互动对工作绩效的深远影响。

1. 理论主要内容

霍桑实验及其结论：霍桑实验最初是研究工作条件与生产效率之间的关系，但结果发现，影响生产效率的关键因素不是工作条件，而是员工的社会心理因素。在教学组织管理中，这意味着学生的学习效率和教师的工作效率不仅仅取决于教学设施、课程安排等物质条件，还与师生之间、学生之间的人际关系等社会心理因素密切相关。

强调人的社会和心理需求：该理论认为人不是单纯的"经济人"，而是"社会人"。在教学环境里，教师和学生都有情感、归属、尊重等社会需求和心理需求。研究表明，参与式领导风格能够提升员工的归属感和责任感，从而激发他们的工作热情，这种领导风格的核心在于尊重员工的意见，鼓励团队成员之间的开放交流。比如教师希望得到同事、学生和领导的尊重与认可，学生渴望在班级中获得归属感，被教师和同学接纳。

非正式组织的存在和影响：人际关系理论指出，在正式的教学组织（如班级、学科组）之外，还存在非正式组织。非正式关系如友谊和信任能在很大程度上弥补正式结构中的不足，促进信息流通和资源共享。员工在非正式互动中建立的信任关系，可以激励他们在正式场合中更加积极地参与决策和问题解决。这些非正式组织基于师生的兴趣爱好、情感纽带等因素，对教学活动有着不可忽视的影响。例如，学生中的学习小组或者兴趣社团，它们可能会促进成员之间的学习交流，也可能会产生一些不利于教学管理的小团体观念。

2. 对教学组织管理的意义

改变管理重心：引导教学管理者将重点从单纯的教学任务安排和物质资源分配，转移到关注师生的人际关系和心理需求上。例如，管理者可以通过组织教师团建活动、开展师生交流座谈会等方式，增强师生之间的情感联系。

优化沟通方式：强调良好沟通的重要性。在教学组织管理中，管理者要建立开放、平等的沟通渠道，让教师和学生能够自由地表达自己的想法和感受。比如，学校可以设立意见箱，定期开展师生问卷调查等，及时了解师生的需求。

利用非正式组织优势：提醒教学管理者重视非正式组织的积极作用，将其作为正式教学组织的有益补充。例如，鼓励学生的学习小组在课后开展学习活动，或者利用教师的兴趣小组来促进学科之间的交流与合作。

3. 理论局限性

量化困难：人际关系是复杂的社会心理现象，很难进行量化研究和精确的评估。这使得在教学组织管理中，难以像古典组织理论那样，用明确的指标来衡量人际关系管理的效果。

实施难度较大：要真正满足每个教师和学生的社会和心理需求，在实际的教学管理中面临诸多挑战，如资源有限、时间有限等。而且，不同的人有不同的需求，很难做到面面俱到。

领导风格的重要性：有效的领导者应具备良好的沟通能力和情感智力，能够理解和满足员工的心理需求。

（三）社会系统理论

社会系统学派是管理学的一个重要流派，其代表人物巴纳德等人在研究组织的内部结构和外部环境方面做出了重要贡献。社会系统理论强调组织的动态性和适应性，认为组织是一个开放的系统，与外部环境不断交互作用。这一理论进一步揭示了组织内部各要素之间的相互关系，强调了协调与合作在实现组织目标中的重要性，对于理解组织的运作机制和适应外部环境的变化具有重要意义。组织被视为一个由多个子系统构成的整体，这些子系统包括人力资源、技术、文化以及外部环境等，各子系统之间的互动关系决定了组织的灵活性和应变能力。随着环境的不断变化，组织必须调整内部结构和流程，以保持其有效性和竞争力。

1. 理论主要观点

组织是一个开放的社会系统：该理论认为教学组织如同一个开放的系统，它会不断与外部环境进行物质、能量和信息的交换。例如，学校作为教学组织，需要从社会获取资金、设备等资源，同时向社会输出受过教育的人才。而且，学校要根据社会的教育政策、就业市场需求等外部信息，不断调整自身的教学目标、课程设置等内部要素。

强调系统内各部分的相互依存关系：在教学组织内部，各个子系统（如教学部门、行政部门、学生群体等）之间相互关联、相互依存。比如，教学部门需要行政部门提供资源支持和管理服务，行政部门的工作成效又依赖于教学部门的教学成果，而学生群体的学习状态和需求也会影响教学部门和行政部门的工作方向。

系统的协同作用和动态平衡：社会系统理论注重组织系统内各部分之间的协同作用，以实现动态平衡。在教学组织中，需要通过合理的协调机制，使教学活动、管理活动和学生学习活动等能够相互配合，共同维持教学组织的稳定运行。例如，当课程改革导致教学任务发生变化时，教学部门、教师和学生之间要相互协调，行政部门也要及时调整资源分配等管理措施，以确保教学秩序的平衡。

2. 对教学组织管理的影响

全面考虑内外部因素：促使教学管理者树立全面的观念，在进行教学组织管理时，既要关注内部的教学过程、人员管理等因素，也要考虑外部环境的影响。例如，在制定招生计划时，不仅要考虑学校的教学资源和师资力量，还要考虑社会对人才的需求趋势、人口变化等外部因素。

强化协调与合作意识：强调各部门之间的协同合作，有利于打破部门壁垒，提高教学组织的整体效率。比如，学校可以建立跨部门的沟通机制和合作项目，让教学部门和后勤部门共同参与校园文化建设，或者让不同学科的教师联合开展跨学科教学活动。

动态调整管理策略：由于认识到教学组织是一个动态平衡的系统，教学管理者能够根据系统内外部的变化，灵活调整管理策略。例如，当新的教育技术出现时，及时调整教学方式和资源配置，以适应新的教学环境。

3. 理论局限性

系统复杂性导致管理难度增加：由于教学组织被看作一个复杂的社会系统，涉及众多相互关联的要素，这使得管理决策和实施过程变得极为复杂。管理者需要考虑的因素过多，可能会导致决策过程漫长、管理效率降低。

理论抽象性较强：社会系统理论相对比较抽象，在实际的教学组织管理应用中，可能会出现难以将理论与具体管理行为直接挂钩的情况。这就需要管理者具备较强的理论理解能力和实践操作能力，才能有效地运用该理论。

二、当前高校教学管理组织现状

（一）层级式管理模式

我国高校教学管理组织大多采用层级式管理模式。一般而言，在学校层面设有教务处等核心管理部门，负责统筹全校的教学规划、课程安排、教学资源分配等宏观管理工作。教务处下通常设有教学计划科、课程与教材科、实践教学科等不同科室，分别履行各自的职能。这种层级式管理模式在一定程度上保证了教学管理的秩序性和规范性。院系层面，各院系设有教学副院长或副主任领导下的教学办公室，负责本学院的教学日常管理，包括落实学校的教学计划、组织本院系的课程教学、教师教学管理等工作。这种从学校到院系的层级管理有利于政策的层层传达和执行，使得教学管理工作有章可循。

近年来，一些高校尝试进行组织结构的创新，如出现了跨学科的教学组织、项目式教学团队等。这些新型组织模式旨在打破传统学科界限，促进学科交叉融合和创新人才培养，但目前仍处于探索阶段，尚未在高校中广泛普及。

层级式管理模式的问题也较为突出：高校教学管理权力主要集中在学校层面的行政管理部门，学院（系）等基层教学单位的管理权力相对较小，缺乏自主决策的空间。这种权力结构导致教学管理决策过程缺乏基层的参与和反馈，容易出现决策不科学、不合理的情况。

（二）组织架构

多数高校教学管理组织呈现出职能型架构的特点。即按照教学管理的不同职能划分部门，如教学运行管理部门、教学质量管理部门、教学资源管理部门等。这种架构有利于专业分工，能提高各职能领域的管理效率。

随着学科交叉融合以及一些跨学科项目和课程的出现，部分高校开始尝试矩阵型组织架构。在这种架构下，教师和管理人员除了隶属于原有的院系和职能部门外，还会根据跨学科项目或课程的需要，组成临时的教学团队或管理小组。

值得注意的是，教学管理涉及多个部门，如教务处、学生处、科研处等，但各部门之间的职责划分若不够清晰，将出现职责重叠或职责空白的问题。在工作中，部门之间缺乏有效的沟通和协调，容易出现推诿扯皮、工作效率低下等问题。

（三）管理理念与方式

随着高等教育的不断发展和改革，一些高校的教学管理理念开始从传统的以管理为主向服务与管理并重转变。越来越多的高校认识到教学管理的目的不仅是规范教学秩序，更要为师生的教学和学习提供支持和保障，注重激发师生的积极性和创造性。

但部分高校依然存在教学管理理念停留在传统的"以管为主"模式，强调对教学过程的严格控制，而忽视了学生的个性化需求和教师的教学自主性的现象。例如，在课程设置和教学安排上，过于强调统一性和规范性，缺乏灵活性和多样性，限制了学生的创新思维和个性发展。一些教学管理部门存在着"官本位"思想，服务意识淡薄，在工作中缺乏与师生的沟通和交流，不能及时了解师生的需求和意见，导致教学管理工作与教学实际相脱节。

（四）人员配置与队伍建设

高校教学管理组织中有一批专门从事教学管理工作的人员，他们具有教育管理等相关专业背景。这些人员熟悉教学管理流程和规章制度，是教学管理工作的核心力量。他们负责处理日常的教学事务，如学籍管理、教学计划的制定与调整、教学资源的调配等。同时，部分教师兼任教学管理工作，尤其是在院系层面。这些教师在承担教学和科研任务的同时，参与教学管理。他们的优势在于对学科专业知识和教学实际情况有深入地了解，能够在教学管理决策中反映一线教师的需求和意见。例如，在课程设置和教学内容改革方面，他们可以基于教学实践提出更具针对性的建议。

随着高校招生规模的不断扩大，教学管理任务日益繁重，但教学管理人员的数量增长相对滞后。许多高校的教学管理部门面临着人员短缺的压力，导致管理人员工作负担较重，难以对教学管理工作进行深入细致的研究和改进。

在专业管理人员中，虽然大部分具有教育管理等相关专业背景，但由于不同高校对教学管理人员的培训重视程度不同，其管理专业素养存在一定差异。一些高校教学管理人员能够熟练运用现代管理理论和方法开展工作，而部分管理人员缺乏系统的管理知识和技能培训，在管理理念、方法和手段上相对滞后，仍依赖传统经验，对新的管理理念和技术的接受和应用能力较弱。

（五）信息化管理方式

目前我国高校普遍应用了多种教学管理信息系统，如课程管理系统、学生信息系统、考试管理系统、教学评价系统等。这些系统在各自的功能领域发挥了重要作用，信息化管理方式提高了管理效率和数据的准确性，为教学管理决策提供了有力支持。

虽然高校教学管理积累了大量的数据，但在数据利用方面存在不足。许多高校只是将数据简单存储，没有充分挖掘数据背后的价值。例如，没有利用学生成绩数据、选课数据等分析学生的学习行为和学习困难点，无法为教学改革和学生个性化学习提供有力支持。

与此同时，信息化建设在服务师生方面还有很大的提升空间。比如，教师无法通过信息化系统便捷地获取教学资源和教学反馈，学生不能通过系统获得个性化的学习建议和学业指导，信息化的优势没有得到充分发挥。

（六）制度建设与执行

高校在教学管理制度建设方面取得了一定的成绩，建立了较为完善的教学计划管理、教学运行管理、教学质量管理、教学评估等制度体系。这些制度为教学管理工作提供了基本的规范和依据，保障了教学工作的正常运行。

尽管有完善的制度，但在实际执行过程中，仍存在一些问题。例如，部分高校的教学管理制度执行不够严格，存在人情管理、随意性较大等现象；一些制度在制定时缺乏充分的调研和论证，与实际教学情况脱节，导致执行难度较大。

三、高校教学管理组织重构重点

高校的组织结构并不是固定不变的，其会随着社会历史背景和国家政策的变化而变化。当前，我国高校的基本组织结构是学院制。二级学院作为我国高校的基本组成结构和教育教学的前沿阵地，是学校招生就业、教育教学、学生管理等工作的具体实施单位，肩负着学科建设、科研创新和社会服务等多重职责，其办学水平和治理水平与高校的办学水平和治理水平有着紧密的联系。

目前，我国大学普遍存在的教学管理组织结构一般是：校长和分管教学工作的副校长全面领导教育教学改革和教学教务管理工作，教务处（部）是教学管理职能部门和决策执行机构，担负着教学管理的组织、协调、监控等任务，在全校教学工作中居于枢纽中心的位置，主要行使行政权力；二级学院是教学和教学管理的实体，具体实施教学管理，兼有宽泛的行政权力和学术权力；教研室（系）为教学基层组织，是教学工作和教学改革的支撑点，行政权力弱化，属于教学管理的执行层。可以看出，我国大学教学管理组织体系基本属于"校－

院－教研室（系）"模式（图3-1），其中教学管理行政组织结构指的是学校－二级学院两层，教研室（系）则作为最基层的教学实施单位。因此，有学者称我国高校教学管理组织体系为"二层三级"模式，具体到每所大学内部系统，则涉及不同层面不同级别的机构设置、职权分配以及管理运作。

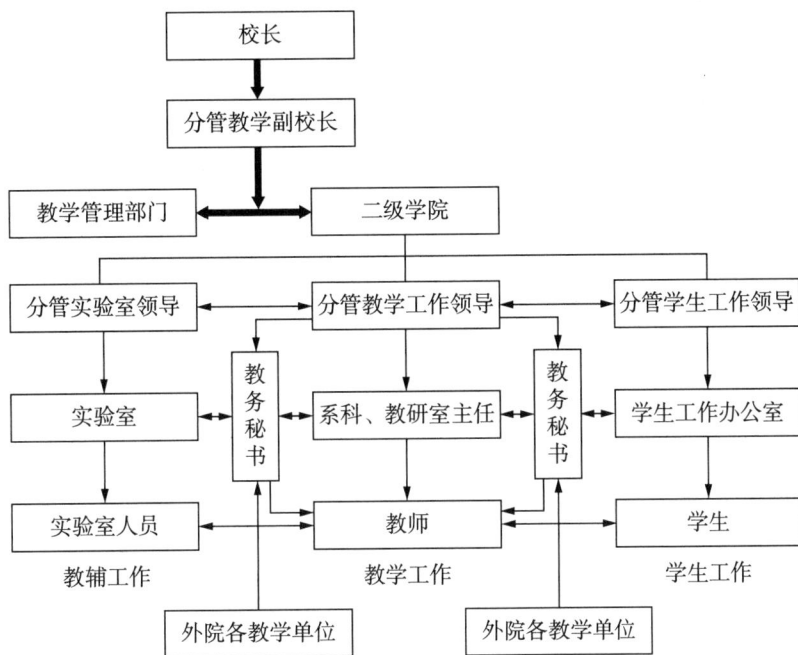

图 3-1　校－院－教研室（系）模式

（一）协作是高校教学管理组织的基础

高校教学管理的协作模式能够增强教学管理团队的专业化和职业化水平，从而提升高校的教学质量和管理效率。传统上，高校教学管理多采取单兵作战的模式，这种模式已难以适应现代社会经济与科技的快速发展，容易导致高校竞争力下降。相比之下，团队协作的教学管理模式能够更好地匹配高校与经济社会的发展需求，提升高校在竞争中的优势。具体表现如下：

1.促进教育目标的实现

教学管理组织的核心目标是保障高质量的教学活动，以实现学生的全面发展。这需要教师、行政人员、学生等多方协作。例如，教师之间协作开展跨学科教学，能为学生提供综合性知识，提升他们解决复杂问题的能力；行政人员与教师协作，确保教学资源（如教材、设备）的及时供应，有助于教学活动按计划顺利开展。

2.适应多样化目标需求

不同的学科、课程，以及学生个体有着多样化的目标。如在职业教育和普通教育中，教学管理目标有所差异，需要各方协作来调整教学策略。教师协作可以设计出兼顾理论与实践的教学方案，行政人员协作优化资源配置，从而适应不同教育方向的目标需求。

3.适应教育改革要求

教育领域不断改革，新的课程标准、教学方法和评估体系不断涌现。教师、行政人员等通过协作，共同研究改革方案，更新教学观念，调整教学管理模式。比如，在推行素质教育改革过程中，各方协作探索如何在教学中培养学生的创新思维和实践能力。

4.解决突发问题

教学过程中难免会遇到突发问题，如因公共卫生事件导致的线上教学需求。教师、技术人员和行政人员协作，快速搭建线上教学平台，组织教师进行线上教学培训，确保教学活动能够不间断地开展。

随着高等教育的快速发展，教育管理体系面临着诸多挑战与机遇，高等学府亟需重构教学管理组织以适应新时代的要求。在这一转变过程中，协作不仅是推进工作的动力，更是教学管理组织稳固发展的基础。由于教学活动的复杂性和参与者的多样性，确立有效的协作机制成为提高管理效能的关键路径。针对现有教学管理组织常见的碎片化、层级森严等问题，跨部门的协作平台和流程必须得以确立，以期打破传统管理模式中的壁垒，实现资源共享和协同发展。

高校教学管理组织需进行横向与纵向两个维度的调整。横向上，通过学院与学院间的协同合作，共享教学管理资源，提高教学资源的利用效率和水平，不同部门在教学管理中的角色和职责应当清晰，避免因模糊的责任界定而导致工作推诿和资源浪费，通过明确的工作流程和标准化的操作规范，确保各部门在协作过程中能够高效衔接，形成合力，推动教学管理工作的顺利进行。纵向上，高校应当重视教研室（系）与院级、校级之间的沟通与协调，通过建立定期的沟通机制以确保决策机制的有效性及执行力。同时要鼓励教研室（系）在教学改革与创新方面提出建议，形成自下而上的反馈机制，以便及时调整和优化教学管理策略。

教学管理组织的重构不仅要求流程优化，更需依赖于人际关系的深入和文化的塑造。高校必须通过共同的价值观和目标观，促进各个管理部门和教学单位之间的密切合作，从而开创协同进步的新局面。要坚持系统化思维，承认和促进内部各组成部分间的有机联系，推崇整体优于局部的观点，打破壁垒、深化协作，在各方面均需寻求全局的最优解，而非片面的部门利益，以应对未来教育发展的不确定与挑战。高校应鼓励教师、管理人员以及学生之间的互动与交流，通过定期的合作项目和跨部门的研讨会，增强团队意识和集体责任感。这样的实践不仅能够激发创新思维，还能够有效整合资源，实现优势互补，从而形成合力，推动教育教学质量的全面提升。

在协作的过程中，领导力的发挥同样不可忽视。高层管理者需要树立榜样，积极参与协作，营造开放包容的氛围，让每一个成员都能感受到自身贡献的重要性。通过建立激励机制，激发各部门的积极性和主动性，形成以目标为导向的合作模式，使得教学管理组织的改革能够真正落到实处。

（二）以学习型组织为教学管理组织的目标

将高校教学管理组织的目标定位为学习型组织是一个具有前瞻性和深远意义的战略决策。学习型组织的概念最早由彼得·圣吉在其著作《第五项修炼》中提出，强调组织成员的持续学习、知识共享与创新，以适应不断变化的环境，促进组织的持续成长与发展。

学习型组织（图3-2）的核心要素包括：

图3-2　学习型组织

1.系统思考

鼓励组织成员从整体视角看待问题，理解各部分如何相互作用以产生系统性的结果。通过系统思考，高校管理者不仅能够全面审视教学管理流程，识别潜在的改进空间，同时还能进一步优化现有的教学管理流程，激发创新思维，推动教学模式的变革，以增强组织的适应能力和灵活性，从而更好地应对快速变化的教育环境。高校教学管理组织在重构时，要以全局的视角审视教学管理的各个环节和要素。不能孤立地看待教学计划制定、课程设置、教学资源分配等工作，而要充分考虑它们之间的相互关系和影响。

2.自我超越

强调个人成长与自我提升，鼓励教师和管理人员不断追求个人最佳，这可以激发高校内部的创新动力和个人潜能。自我超越可以促进团队合作与知识共享，通过建立相互支持的环境，激励成员共同成长。在这样的氛围中，组织能够更灵活地应对外部挑战，形成持续的学习循环，从而在竞争中保持领先地位。自我超越是学习型组织成员不断追求进步的内在动力。在高校教学管理组织中，要鼓励成员突破自我，设定更高的个人发展目标。学校可以为教学管理人员提供更多的培训和进修机会，支持他们参加学术研讨会、行业交流活动等。

3.改善心智模式

认识到并调整个人的思维习惯和认知框架,对于高校而言,意味着鼓励开放讨论和反思,促进教学理念和方法的更新。高校应重视培养师生的批判性思维能力和自我反思意识,帮助他们识别和挑战固有的思维定式,同时激发其创新思维。积极引入现代教育管理理念,如以学生为中心、注重过程管理、强调质量持续改进等,通过建立安全的讨论环境,师生能够自由表达不同的观点,分享各自的经验和思考,从而促进集体智慧的积累。

4.建立共同愿景

构建一个共享的目标和价值观,使所有成员都朝着同一个方向努力,这对于提高高校团队凝聚力和协作效率至关重要。在建立共同愿景的过程中,领导者的角色不可或缺,他们不仅需要明确和传达组织的愿景,还要激励团队成员积极参与愿景的实现过程中。建立共同愿景还需要建立有效的沟通机制,确保每位成员都能充分理解组织的目标,并感受到自己在实现这一目标中的重要性。为了增强共同愿景的认同感,组织应鼓励成员在日常工作中分享自己的成功故事和经验教训,这不仅能够激励他人,还能增强团队的归属感和凝聚力。对于高校教学管理组织而言,意味着要确立一个清晰、明确且能引起全体成员共鸣的教学管理愿景。这一愿景应当不仅涵盖提高教学质量、培养优秀人才等宏观目标,还应包括具体的、可衡量的阶段性目标。共同愿景能够为高校教学管理组织成员提供方向和动力,使大家心往一处想,劲往一处使。

5.团队学习

强调集体智慧的重要性,通过团队合作和知识共享来解决问题和创新。在高校环境中,这意味着跨部门、跨学科的合作,以及教师与学生之间的互动。团队学习不仅依赖于知识的共享与交流,还需要构建一个支持性的环境,使成员能够自由表达观点和提出建议,支持、鼓励团队成员之间的相互信任和尊重。此外,团队学习的有效性还与团队的多样性密切相关,不同背景、不同专业技能的成员能够为团队带来多元化的视角,这对于解决问题和进行创新至关重要。在高校教学管理组织重构中,应积极搭建团队学习的平台和机制。可以定期组织教学管理经验分享会,让不同部门、不同岗位的管理人员交流心得,共同探讨解决问题的方法,充分发挥集体的智慧,提高教学管理决策的科学性和有效性。

学习型组织理论为高校教学管理组织的重构提供了全面而深刻的启示。通过引入这些理念和方法,能够使高校教学管理组织更加适应时代的发展和教育改革的要求,不断提升教学管理水平,为培养高素质人才提供有力保障。

四、高校教学管理组织重构策略

高校教学管理组织作为保障教学质量和推动教学改革的关键力量,其重构是一项系统而复杂的工程，需要从理念更新、优化组织结构、完善管理流程、加强团队合作、推进信息化建设等多方面入手。通过这些策略的实施，可以使教学管理组织更加灵活、高效、适应新时代教育发展的需求，从而提高教学质量，培养出符合社会发展需要的高素质人才。在实施过程中，要注重各策略之间的相互协同和配合，同时根据学校的实际情况和教育发展的新变化不断调整和优化，以确保重构工作的顺利进行和持续改进。

（一）理念更新

1. 以学生为中心的理念

（1）以学生需求导向

教学管理需摆脱传统以教师为中心的教学模式，转向以学生为中心，促进学生自主学习和终身学习能力的培养。依托先进教学理论与智能信息技术，教学管理组织应坚定不移地推行"以学生发展为本、以教育质量为核"的管理信条，确保教育活动始终围绕学生需求和个性化发展进行设计和规划。

在新时代，高校教学管理组织应将学生的需求置于核心地位。这意味着要关注学生在学习过程中的体验、兴趣和发展需求。例如，通过调查了解学生对不同课程类型（如理论课、实践课、实验课）的需求和期望，根据学生反馈来调整课程设置和教学安排。对于学生反映较多的实践机会不足问题，教学管理组织应积极协调资源，增加实践课程的比重，或者与企业合作拓展实习基地，为学生提供更多与专业相关的实践机会。

（2）个性化培养意识

每个学生都有其独特的学习风格和发展路径，教学管理组织需要树立个性化培养的意识。不再以统一的标准来衡量和培养所有学生，而是通过建立多样化的课程体系和学习支持机制来满足不同学生的需求。比如实施学分制改革，允许学生在一定范围内自主选择课程，包括跨学科课程、选修课程等。同时，利用信息技术建立学生学习档案，跟踪学生的学习过程，为有特殊学习需求或学习困难的学生提供个性化的辅导和建议。

2. 创新与质量并重的理念

（1）鼓励教学创新

教学管理的范式转变不仅仅是表面上的结构调整，更是深层次的文化变革。高校应当从根本上重新审视教育的本质与目标，将教育视为一个支持与激励的生态系统，在这一生态系统中，教育者不仅是知识的传授者，更是学生成长的引导者和伙伴。高校要注重提升教师的引导与服务能力，营造一个支持学习和创新的文化氛围，鼓励教师和管理人员参与终身学习，提供资源和平台以促进知识共享，实现"教"与"学"双方的动态平衡与高效互动，通过这种转变，教师角色的多元化将得到充分体现，教师将承担起激发学生潜能、促进学生自主探索和批判性思维发展的责任。

高校教学管理组织要积极营造创新氛围，鼓励教师在教学方法、教学内容和教学模式等方面进行创新。在教学内容方面，鼓励教师将学科前沿知识、社会热点问题以及跨学科知识融入课程教学，激发学生的学习兴趣和创新思维。

（2）坚守教学质量底线

在追求创新的同时，我们不能忽视教学质量。教学管理组织应建立完善的教学质量监控体系，从课程设计、教学实施到考核评价等各个环节确保教学质量。例如，定期开展课程评估，通过学生评教、同行评议、教学督导检查等多种方式对教学质量进行综合评价。对于评估中发现的问题，及时反馈给教师，并要求其制定整改措施。同时，建立教学质量问责机制，对于教学质量长期不达标的教师，采取相应的措施，如培训、调整教学任务等，以保障教学质量的稳定性和持续提升。

3. 数据驱动与开放合作的理念

（1）数据驱动决策

在大数据时代，高校教学管理组织应充分利用数据来指导决策。通过收集和分析学生的学习数据（如成绩分布、学习时间、课程选择等）、教师的教学数据（如教学评价、教学资源使用情况等）以及教学资源数据（如图书馆借阅情况、实验室使用频率等），发现教学过程中的规律和问题，为教学管理组织调整教学策略提供依据。同时，利用数据预测学生的学习趋势和需求，提前做好教学资源的调配和课程规划。

（2）开放合作的视野

随着社会的发展和科技的进步，教育的理念、目标和路径都在不断地被重新审视与定义。高校在推进教学管理组织重构的过程中，必须保持开放的态度，勇于尝试与创新。通过与国际教育前沿的接轨，吸取他国的成功经验与教训，不断完善自身的教学管理模式，才能在全球竞争中占据一席之地。高校教学管理组织要打破传统的封闭模式，积极与外部机构开展合作。一方面，加强与其他高校的合作，通过共享课程资源、开展联合培养项目、互派教师交流等方式，拓宽学生的学习渠道和教师的教学视野。例如，建立高校联盟课程共享平台，学生可以选修联盟内其他高校的优质课程，获得相应学分。另一方面，与企业、科研机构等社会力量合作，共同开展实践教学、科研项目转化、人才培养等工作。例如，与企业合作建立产业学院，根据企业需求定制人才培养方案，将企业真实项目引入教学，实现高校与社会的无缝对接。

（二）结构优化

1. 扁平化的组织架构

（1）减少管理层级

高校教学管理组织需重新审视其内部结构，以适应新时代的教育需求。传统的管理模式往往存在层级过多、沟通不畅的问题，这不仅影响了决策的效率，也制约了信息的及时传递。因此，建立扁平化的管理结构，减少不必要的管理层级，将是提升教学管理效率的重要举措。横向上，通过学院与学院间、部门与部门间的协同合作，共享教学管理资源，提高教学资源的利用效率和水平。纵向上，从校级到院级再到系级，建立起灵活高效的组织架构，确保决策机制的有效性及执行力，不仅有利于优化人才培养方案，还能显著提升管理适应性和战略执行能力。

（2）建立矩阵式组织结构

在高校教学管理中，学科建设和教学项目实施是两个重要方面。建立矩阵式组织结构，可以将学科管理和项目管理有机结合，能够增强教学管理组织的灵活性。当有新的教学改革项目或学科发展任务时，可以迅速组建临时团队，集中资源和力量开展工作。项目结束后，团队成员可以回到原来的学科或管理岗位。这种灵活性有助于高校快速响应教育领域的新变化和新需求。

（3）增强基层教学组织的自主性

在扁平化的架构下，赋予基层教学组织（如教学团队）更多的自主性。教学团队可以根据学科特点和学生需求自主制定教学计划、选择教学方法、开展教学研究等。例如，某个专业的教学团队可以根据本专业的行业发展趋势和学生就业方向，自主调整课程内容和实践教学环节，而不需要经过烦琐的层层审批，提高了教学组织的灵活性和适应性。

2. 跨学科的组织整合

（1）组建跨学科教学组织

为适应学科交叉融合的发展趋势，高校教学管理组织应积极组建跨学科教学组织，整合不同学科的教师资源，共同开展教学工作。跨学科教学组织可以打破学科壁垒，为学生提供综合性的课程体系，培养学生跨学科解决问题的能力。在课程设置上，可以开设跨学科的必修课和选修课，如"科技与人文"课程，将科学技术知识与人文社会科学知识融合，拓宽学生的知识面。

（2）建立跨学科协调机制

为了保障跨学科教学组织的有效运行，需要建立跨学科协调机制。在学校层面成立跨学科教学管理委员会，负责协调不同学科之间在教学资源分配、教师考核、课程安排等方面的问题。例如，当不同学科的教师参与跨学科课程教学时，协调委员会要合理确定教师的工作量计算方式和教学评价标准，避免因学科差异导致的不公平现象。同时，协调委员会要促进学科之间的沟通与合作，定期组织跨学科教学研讨会和经验交流会，推动跨学科教学的深入发展。

3. 虚拟教学管理组织的构建

（1）利用信息技术搭建虚拟平台

随着信息技术的发展，高校可以利用网络技术搭建虚拟教学管理组织平台。通过信息化手段，确保数据的实时共享与交流，打破信息孤岛，构建跨部门协作的工作机制，促进各学科、各岗位之间的协同与合作，实现资源的优化配置，形成合力，同时帮助管理者及时发现问题并进行调整，从而实现精准管理。这个平台可以整合学校内外的教学资源，包括课程资源、教师资源、教学设施资源等。例如，建立在线课程超市，将学校内部的精品课程以及从其他高校或在线教育平台引进的优质课程集中展示，学生可以根据自己的需求选择课程。

（2）虚拟组织与实体组织的协同

虚拟教学管理组织与实体教学管理组织要相互协同。实体教学管理组织负责线下教学活动的组织和管理，如课堂教学管理、实践教学指导等；虚拟教学管理组织则侧重于线上教学资源的整合和调配，以及利用信息技术实现教学管理的智能化。例如，在开展混合式教学时，实体教学组织安排教师进行线下课堂教学和实践指导，虚拟教学组织负责在线课程的发布、学生在线学习数据的分析以及数据反馈为教师调整教学策略提供建议，两者协同为学生提供高质量的教学服务。

（三）完善管理流程

1.教学计划制定流程优化

（1）需求调研与分析

在制定教学计划之前，加强对多方需求的调研和分析。包括社会对人才的需求、学科发展趋势、学生的兴趣和期望等。可以通过与企业合作开展人才需求调研、组织学科专家研讨会、对学生进行问卷调查和访谈等方式，获取全面准确的信息。

（2）多方参与和协同决策

改变传统的教学计划制定由少数部门主导的模式，让更多的利益相关者参与进来。除了教务部门、院系领导和教师外，还应邀请学生代表、企业专家、校友等参与。各方共同讨论教学目标、课程体系、实践教学环节等内容，通过协同决策，使教学计划更具科学性和实用性。

（3）建立动态调整机制

建立教学计划的动态调整机制。由于教育环境和社会需求处于不断变化之中，教学计划不能一成不变。定期对教学计划进行评估和审查，根据新的情况及时调整。例如，当新兴学科知识出现或行业标准更新时，能够迅速调整相关课程的教学内容和教学要求。同时，建立灵活的课程增减和替换机制，确保教学计划能够适应不同专业方向和学生个性化发展的需求。

2.课程管理流程改进

（1）课程资源整合与调配

加强对课程资源的整合和调配。在课程开设的同时，系统自动关联相关的教学资源，如教材、实验室设备、网络教学资源等。建立资源共享平台，实现不同课程之间资源的合理调配。例如，对于一些基础课程和专业核心课程，可以优先分配优质的教学资源；对于新开课程，可以从其他类似课程中调配部分可用资源，同时根据课程特点补充新的资源。

（2）课程评价与持续改进

完善课程评价体系，将学生评价、教师自评、同行评价和企业评价等多种方式相结合。定期收集评价数据，对课程的教学质量、教学效果、课程内容的实用性等进行全面评估。根据评价结果，对课程进行持续改进。

3. 学生选课与学籍管理流程优化

（1）个性化选课引导

建立个性化的学生选课引导系统。利用大数据分析技术，根据学生的专业、学习成绩、兴趣爱好、职业规划等信息，为学生提供个性化的选课建议。选课系统可以展示课程的详细信息，包括课程难度、课程之间的关联、教师教学风格、以往学生的评价等，帮助学生做出更合理的选课决策。

（2）学籍管理的便捷化与规范化

简化学籍管理流程，实现学籍管理的便捷化和规范化。利用信息化系统，将学生的入学注册、转学、休学、复学、毕业等学籍管理环节整合在一个平台上。学生可以在线提交申请，系统自动推送至相关部门审批，同时实时显示办理进度。明确各个学籍管理环节的规范和标准，减少人为操作的随意性，确保学籍管理的准确性和严肃性。

（3）学分认定与转换的灵活性

随着教育国际化和学生多样化学习需求的增加，建立灵活的学分认定与转换机制。对于学生在国内外其他高校或通过在线学习平台获得的课程学分，经过评估后可以在本校进行认定和转换。制定科学合理的学分认定标准，考虑课程内容的相似度、教学质量的等效性等因素，使学生的学习成果能够得到充分认可，促进学生的个性化学习和跨校、跨国学习交流。

（四）加强团队合作

1. 培养团队合作意识

（1）组织文化建设

通过组织文化建设，营造良好的团队合作氛围。在教学管理组织中，倡导团队合作精神，将其作为组织文化的重要组成部分。例如，通过开展团队建设活动、表彰优秀团队等方式，让团队成员感受到团队合作的重要性和价值。在组织内部宣传团队合作成功的案例，激励成员积极参与团队工作，形成共同为教学管理目标而努力的文化认同。

（2）教育培训与引导

开展团队合作相关的教育培训活动。可以邀请专业的培训师或组织内部有经验的人员进行培训，内容包括团队沟通技巧、冲突解决方法、团队角色认知等。通过培训，让团队成员了解团队合作的原理和方法，提高他们的团队合作能力。同时，在日常工作中，领导和管理者要注重引导团队成员之间的合作，及时发现和解决团队合作中出现的问题。

2. 构建跨部门团队

（1）明确跨部门团队目标

根据教学管理中的特定任务和项目，构建跨部门团队，并明确团队的目标。例如，在进行专业认证工作时，组建由教务处人员、院系教学管理人员、教师代表、学生代表等组成的跨部门团队，其目标是确保专业认证工作的顺利完成，包括准备认证材料、改进教学质量以符合认证标准等。明确的目标可以让不同部门的成员朝着一个方向努力，避免各自为政。

（2）促进跨部门沟通与协作

建立有效的跨部门沟通机制，促进团队成员之间的信息共享和协作。可以定期召开跨部门团队会议，让成员汇报工作进展、交流遇到的问题和解决方案。在团队工作中，鼓励成员相互支持和配合，打破部门壁垒，共同完成团队目标。

3. 建立团队激励机制

（1）多元化激励方式

建立多元化的团队激励机制，激发团队成员的工作积极性和创造力。激励方式可以包括物质激励和精神激励。物质激励方面，如对表现优秀的团队给予项目奖金、资源奖励等；精神激励方面，授予优秀团队荣誉称号、对团队成员进行公开表扬、提供晋升机会等。

（2）基于团队绩效的评价

建立基于团队绩效的评价体系，客观公正地评价团队的工作成果。评价指标可以包括团队目标的完成情况、团队合作的质量、对教学管理工作的改进效果等。根据团队绩效评价结果，给予相应的激励。通过这种方式，鼓励团队成员关注团队整体绩效，提高团队的凝聚力和战斗力。

（五）推进信息化建设

1. 建设一体化教学管理信息系统

（1）功能集成与整合

建设一体化的教学管理信息系统，将教学计划管理、课程管理、学生选课、学籍管理、成绩管理、教学评价等功能集成在一个平台上。通过实现各个功能模块之间的数据共享和无缝对接，可以避免信息孤岛的出现。例如，学生在选课系统中选择的课程信息可以自动同步到学籍管理和成绩管理模块，教师在课程管理模块中更新的课程内容可以实时在学生学习平台上显示。

（2）用户友好界面设计

注重信息系统用户友好界面的设计，提高系统的易用性。对于不同的用户角色，如教师、学生、教学管理人员等，设计个性化的界面。教师可以方便地进行教学资源上传、成绩录入等操作；学生可以轻松地查询课程信息、选课、查看成绩等；教学管理人员能够高效地进行教学计划调整、课程审批等管理工作。同时，界面设计应该简洁美观，操作流程清晰明了，以减少用户的学习成本。

2. 利用大数据与人工智能技术

（1）教学数据挖掘与分析

利用大数据技术对教学管理中的海量数据进行挖掘和分析。例如，分析学生的学习行为数据，包括在线学习时长、作业完成情况、考试成绩等，了解学生的学习习惯和学习困难点，为教师教学和教学管理决策提供依据。通过分析教师的教学数据，如教学方法的使用频率、学生评价结果等，评估教师的教学效果，为教师培训和教学改进提供参考。

（2）人工智能辅助教学管理

引入人工智能技术辅助教学管理。例如，利用智能客服系统回答学生和教师在教学管理过程中常见的问题，提高服务效率；利用人工智能算法进行课程推荐和教学资源推荐，实现个性化服务。同时，利用人工智能技术对教学质量进行预测和预警，如预测学生的学业风险、课程教学质量的下降趋势等，以便及时采取措施进行干预。

3. 保障信息安全与数据质量

（1）信息安全防护措施

加强教学管理信息系统的信息安全防护。采取数据加密、访问控制、网络安全防护等措施，保障教学管理数据的安全性。例如，对学生的个人信息、成绩数据等敏感信息进行加密存储和传输，防止数据泄露。设置不同用户角色的访问权限，确保只有授权人员可以访问和修改相关数据。定期进行信息系统的安全检查和漏洞修复，防范网络攻击。

（2）数据质量监控与管理

建立数据质量监控和管理机制，以确保教学管理数据的准确性、完整性和一致性。制定数据录入规范和标准，对数据录入人员进行培训，减少数据录入错误。定期对数据进行清理和核对，发现并纠正数据中的问题。同时，建立数据质量评估指标体系，对数据质量进行量化评估，及时发现数据质量下降的情况并采取措施加以改进。

第四章 高校人才培养模式改革

　　随着新一轮科技革命和产业变革的加速演进，单一专业知识和单一技术型人才，已远远不能适应当今时代发展的需要，高校人才培养工作面临新机遇新挑战。知识生产与传播方式正在发生颠覆性变革，个性化、泛在化学习方式已成常态，新媒体、人工智能、虚拟技术、云计算等对专业教育提出了新挑战。在此背景下，传统人才培养方案的制定和执行迫切需要与时俱进、全面重构。

一、当前我国高校人才培养模式现状

（一）高校人才培养模式的定义

　　人才培养模式是教育和教学活动的总和，主要包括教学内容、教学方法、课程设置、实践环节、评价体系等多个方面，强调知识的传授与能力的培养相结合，以培养学生的综合素质和创新能力为目标。当前高校人才培养模式是指高等院校在教育过程中，为了培养适应社会发展和经济需求的人才，根据特定的培养目标和规格，运用各种教学方法和手段，所采用的各种系统化、结构化的教育方法和策略。随着社会的发展和科技的进步，人才培养模式不断演变，以更好地满足不同领域和行业的人才需求。

　　人才培养模式的定义强调了以下几点：

　　教育理念：高校教育理念是指高等教育机构在教育教学过程中所持有的基本信念、价值观和指导原则。这些理念反映了学校对教育目标、培养方向、教学方法、学习方式及师生关系等方面的认识和理解，直接影响着高校的教育政策、课程设置和教学实践。教育理念是人才培养模式的基石，作为人才培养模式的核心，不仅影响教育的内容和方法，还决定了人才培养的方向和目标。明确、积极的教育理念能够激励教师和学生，形成良好的教育生态，推动高校的持续发展和创新。

培养目标和规格：人才培养目标是高等院校根据社会需求、学科发展、学校定位及教育理念等因素，明确给学生设定的培养方向和期望达到的成就，这些目标通常涵盖知识、能力、素养等多个方面；人才培养规格是对人才培养目标的具体化和量化，是高校在实施教育过程中，用于指导课程设置、教学方法、考核标准等的详细要求和标准。

教学内容和课程体系：教学内容是在高等教育过程中，教师在课堂上教授学生、学生在学习中所获取的知识、技能和价值观的具体内容，包括各门课程所涵盖的理论知识、实践技能以及相关的学科前沿信息；课程体系是指在一定的教育目标和培养规格指导下，学校为实现人才培养目标而设计的课程结构和安排，包括课程的分类、设置、相互关系以及教学组织形式。教学内容确保学生获得必要的知识和技能，而课程体系则提供了系统化的学习路径和结构。

管理和评估制度：高校管理是高等院校为了实现其教育目标和战略规划，对学校各项事务进行组织、协调、控制和决策的过程；评估制度是高等院校为确保教育质量、促进持续改进而建立的评价体系和机制。两者的有机结合能够确保人才培养行为的稳定存在并持续不断。

教学方式和方法：教学方式是教师在教学过程中所采用的整体策略和组织形式，它决定了教学活动的基本框架和环境，包括课堂教学、实验、实习、在线学习等不同的形式；教学方法是教师在具体教学过程中采用的具体技术和技巧，用于实现某一教学目标或解决特定教学问题的方法。教学方法通常是教学方式的具体实施手段。教学方式提供了教学的总体框架和环境，而教学方法则是实现这些方式的具体手段。

（二）当前高校人才培养模式（图 4-1）的主要模式

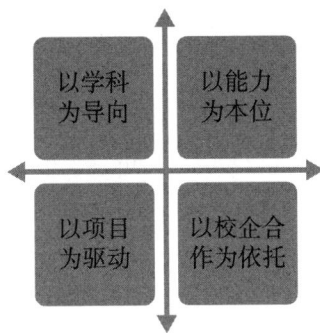

图 4.1　高校人才培养模式

1. 以学科为导向的人才培养模式

以学科为导向的人才培养模式是指高校依据学科知识体系的内在逻辑和结构，构建课程体系、教学内容以及教学方法，以培养具有扎实学科知识基础的专业人才。这种模式以学科门类划分专业，注重学科知识的系统性和完整性，将学科知识的传授作为人才培养的核心目标，强调专业知识的系统性与权威性。此模式通常依据学科发展前沿和行业需求，设定课程体系和教学大纲，课程设置则紧密围绕学科的核心知识与前沿发展，确保学生在理论学习中掌握扎实的基础，同时关注学科交叉领域的知识扩展，以培养学生的综合素质和创新能力。这种模式通常依赖于具有丰富专业知识和实践经验的教师，教师团队需具备良好的教学和科研能力，其优点在于能够对学生进行扎实的专业训练，使其在特定领域内具备较强的理论基础。

一方面，这种培养模式能够确保学生获得系统、完整的学科知识。学生在学习过程中，从基础课程到专业课程逐步深入，全面掌握学科的基本理论、核心知识和实践技能。这有利于培养学生扎实的学科功底，为他们进一步深造或从事专业性较强的工作提供了坚实的知识保障。另一方面，该模式注重学科专业的深度培养，使学生在专业领域内具有较高的专业素养。通过专业课程的学习和实践教学的锻炼，学生能够熟悉专业领域的前沿动态，掌握专业研究方法和实践技能，从而在就业市场上具有较强的竞争力，能够较快地适应专业对口的工作岗位。

然而，过于强调学科知识的传授，可能导致学生的创造力和跨学科能力不足。为了适应快速变化的社会需求，高校人才培养模式需要在学科导向的基础上，融入更多的跨学科知识和综合素质教育。同时，当前行业的多样性和复杂性要求毕业生具备更广泛的适应能力，这就需要在培养过程中增加实践环节和创新思维的训练。因此，当前高校在实施这一模式时，逐渐开始融入跨学科的课程设计，以培养学生的创新能力和综合解决问题的能力。

2. 以能力为本位的人才培养模式

以能力为本位的人才培养模式强调将学生能力的培养作为核心目标。这里的能力是一个综合性概念，包括专业能力、实践能力、创新能力、团队协作能力、沟通能力、解决问题的能力等多种关键能力。这种模式要求高校根据社会对人才能力的需求，构建相应的课程体系、教学方法和评价机制，以确保学生在毕业时能够具备适应社会和职业发展所需的各种能力。这种模式关注的不仅是知识的传授及学术成就，更是学生的综合素养和知识转化能力，以适应快速变化的社会和职业需求。该种模式下的课程设置以能力目标为导向，注重核心素养的培养，通过设置实践环节、实习机会以及技能训练课程，将学科知识与实际应用相结合，设计跨学科的项目，使学生能够在真实情境中运用所学知识，帮助学生将理论知识转化为实际能力。

该种模式具有较为明显的特征。一是目标导向明确，以能力为本位的人才培养模式紧紧围绕能力培养目标展开，从课程设置到教学活动的组织，再到实践环节的安排，都有明确的能力培养指向。二是注重实践教学，实践教学在这种模式中占据重要地位。通过实验课程、实习、实训、毕业设计等多种实践环节，让学生将理论知识应用于实际操作，在实践中锻炼和提升能力。三是个性化培养，考虑到学生个体在能力基础、兴趣爱好和职业规划等方面的差异，注重提供个性化的培养路径。学校可能会设置丰富的选修课程、实践项目和培训机会，让学生根据自己的情况进行选择。

然而，以能力为本位的人才培养模式也存在一些不足之处。首先，该模式在实施过程中，可能面临课程内容与市场需求之间的脱节问题。虽然能力培养强调实际应用，但如果课程设计未能及时响应快速变化的职业市场，学生所获得的能力可能与真实需求不符，导致其在就业时面临挑战。其次，过于强调能力提升可能导致知识教育的忽视。学生在追求实践能力的同时，可能对基础知识的掌握不够扎实，这会影响其长远的发展和深层次的思维能力。此外，以能力为本位的人才培养模式对教师的要求较高。教师不仅需要具备丰富的专业知识，还需具备良好的实践指导能力和跨学科的整合能力，这对教师的培训和专业发展提出了更高的要求。最后，该模式的评估体系亟需完善。能力的评估往往较为主观，如何科学、客观地评估学生的能力发展，仍是一个亟待解决的问题。

3. 以项目为驱动的人才培养模式

以项目为驱动的人才培养模式强调实践、合作和解决问题的能力，是一种强调通过实际项目来促进学生学习和能力发展的教育方法。在以项目为驱动的人才培养模式中，项目是核心要素，项目可以是基于课程的综合实践项目，也可以是科研项目、实际工程问题、创新创业项目。人才培养以项目为中心来组织教学活动、整合教学资源以及评价学生的学习成果，确保学生能够在参与过程中获得实践经验。通过项目，学生能够在团队中合作，学习如何有效沟通、分工协作以及解决冲突，从而增强其团队合作能力。同时，项目驱动的学习方式能够激发学生的创新思维。项目驱动模式通常会涉及多个学科的知识，因为实际项目很少只涉及单一学科领域，这就要求学生将不同学科的知识进行整合运用。在项目实施过程中，学生面临各种挑战和不确定性，需要不断调整策略和方法，以找到最佳解决方案。这种过程中，学生的创造力和适应能力得以锻炼，为他们未来的职业发展打下良好的基础。此外，在评估方面，传统的考试方式往往无法全面反映学生的能力，而项目驱动的人才培养模式则可以通过项目成果、团队表现和个人反思等多维度进行综合评估。这不仅能够更准确地评价学生的学习效果，也能激励他们在实践中不断反思和改进。

以项目为驱动的学习模式能够增强学生的实践能力和解决问题的能力，提高学生的学习动机和参与度。然而，此种人才培养模式也存在一些劣势。首先，项目的设计与实施需要大量的资源和时间，这对高校的教学管理提出了较高的要求。其次，项目的质量和难度不均可能导致部分学生的学习效果不理想，尤其是在项目团队中，个别学生可能会依赖他人完成任务，影响其独立思考和自我发展的能力。最后，项目驱动模式的评估标准相对复杂，如何公平、有效地评价学生在项目中的表现，仍然是教育工作者需要思考的问题。

4. 以校企合作为依托的人才培养模式

以校企合作为依托的人才培养模式日益成为高校人才培养的重要方向，是高等院校与企业之间建立紧密合作关系，共同开展人才培养的创新模式。通过与企业的深度合作，高校能够更好地了解行业需求，整合高校与企业的资源和优势，调整和优化人才培养方案，提升人才培养的针对性和实效性。该种模式下，企业不仅是实习和就业的主要平台，也是课程设计和教学内容的重要参与者。通过与企业的密切合作，高校可以邀请企业专家参与课程开发，确保课程内容与行业前沿保持一致，从而培养出更符合市场需求的人才。企业在用人过程中，与高校保持沟通，及时反馈行业变化和技能需求，可为高校调整人才培养方向提供依据。此外，校企合作模式还能接纳多元化的合作形式，如联合实验室、企业实训基地、定制化培训等。这些合作形式不仅能增强学生的实践能力，还能提高高校的科研水平和社会服务能力。通过这种多方位的合作，高校与企业共同推动区域经济发展，实现互利共赢的局面，培养出适应未来发展的高素质人才。

值得注意的是，校企之间的目标和利益可能存在差异。首先，高校注重的是学术研究和知识传授，而企业则更关注实际的应用和经济效益，这种目标上的不一致可能导致合作的深度和效果受到影响。其次，校企合作的有效性在很大程度上依赖于双方的沟通与信任。如果企业对高校的教学质量和培养目标缺乏信任，或者高校对企业的行业需求理解不够深入，都会影响合作的顺利开展。此外，校企合作的人才培养模式也可能导致人才培养的单一化。过度依赖企业的需求可能使高校在课程设置和人才培养上偏向于某些特定行业，从而忽视了学生综合素质和创新能力的培养。长此以往，可能会形成"职业导向过强"的倾向，削弱学生的广泛适应能力。

尽管存在这些挑战，校企合作的人才培养模式依然具有重要的现实意义和发展潜力。通过不断优化合作机制、加强沟通与协调，双方可以在资源共享、优势互补的基础上，培养出更符合社会需求的高素质人才。高校应积极探索多样化的合作形式，推动校企合作向更深层次、更广领域发展，以适应不断变化的社会和经济环境。

（三）高校人才培养模式中容易出现的主要问题

1. 课程设置与市场需求脱节

课程内容往往过于理论化，缺乏与实际工作相结合的案例，学生难以将所学知识应用于实际工作中。在高校人才培养模式中，理论与实践的不匹配不仅体现在课程内容上，还体现在教学设计上。许多高校依然采用以教师为中心的传统授课方式，缺乏互动与实践环节，注重知识的传授而忽视学生的动手实践能力培养，这种单一的教学模式导致学生在面对实际问题时，缺乏必要的解决能力和创新思维。同时课程内容安排上缺乏系统性和针对性，与行业需求脱节，学生在学习中获得的经验往往无法有效转化为实际能力。企业在招聘时，越来越倾向于寻找具备实践经验和动手能力的人才，而高校毕业生在这方面的短板，使得他们在就业市场上竞争力不足。

2. 行业变化响应滞后

高校的课程体系往往基于相对稳定的学科知识，而行业需求快速变化，导致一些新兴领域（如人工智能、大数据等）的相关课程缺乏，无法及时培养出符合行业需求的人才。行业内的技术更新迭代速度加快，很多新兴技术和工具在高校课程中未能及时引入，导致学生毕业时面临技能与市场需求脱节的困境。更进一步，高校的师资队伍建设也未能与行业发展保持同步。许多教师的研究和教学内容依然停留在传统领域，缺乏对新兴技术的了解和应用，导致教育内容与行业前沿脱节。即使一些高校设立了与行业相关的实验室和研究中心，但由于缺乏与企业的深度合作，实际应用效果往往不理想。因此，学生在校期间无法获取到最新的行业动态和技术，进一步加剧了人才培养的滞后。培养模式的滞后不仅影响了学生的就业竞争力，也在一定程度上制约了整个行业的发展。

3. 缺乏跨学科融合

当前，许多高校仍然按照传统学科划分进行教学，导致学生在实际应用能力上受到限制。现代社会的复杂性要求人才具备跨学科的知识与技能，而高校的课程设置往往无法满足这一需求，导致学生在毕业时缺乏适应多元化工作环境的能力。行业对人才的需求往往更加注重综合素质和跨学科能力的兼备，这与高校固有的学科界限和考核方式存在矛盾。部分高校在课程设置上未能充分考虑到这一点，易导致学生在跨学科合作和创新思维方面的能力不足。

4. 实践教学环节薄弱

实践课程设置不够完善，影响学生的综合实践能力。主要表现在以下几方面。实践课时不足：很多专业的实践课程安排较少，学生在校期间获得的动手实践机会有限，无法将理论知识有效应用于实际操作中；实习机会匮乏：高校与企业的合作关系不够紧密，导致学生在校期间缺乏实习机会，无法接触到真实的工作环境和行业实践；实践教学资源不足：一些高校缺乏必要的实验室、实训基地和设备，影响了实践教学的质量和效果，学生无法进行充分的实验和实操训练；实践形式缺乏多元化：实践教学形式单一，缺乏项目式学习、案例分析、团队合作等多样化的实践体验，无法培养学生的综合素质和团队协作能力；教师实践经验不足：部分教师的行业背景和实践经验较为欠缺，无法提供真实的行业案例和实践指导，影响了学生的实践能力培养。

5. 学生自主学习设计缺乏

当前高校的人才培养方案设计中，常常忽略了学生自主学习能力的培养，课程设计中缺乏构建全面的自主学习框架，对学生学习动机增强和学习能力提升的相关设计不充分。学生在学习过程中过度依赖教师的引导，缺乏自主学习的能力和意识，导致其终身学习能力不足。许多学生在面临学习任务时，往往第一时间向教师寻求帮助，而不是尝试独立思考或查找相关资料，这种现象反映了学生缺乏主动探索知识的意愿与能力，导致他们在面对复杂问题时，往往会感到无从下手。同时，学生在学习过程中往往缺乏自我评估和反思的意识，在完成作业或项目后，通常不会对自己的学习过程和结果进行深入的分析与总结，而是简单地满足于成绩的好坏。这种缺乏反思的态度使得他们无法从失败中吸取经验，也无法在成功中找到提升自我的途径。时间管理上，自主学习能力不足的学生常常难以制定有效的学习计划，导致学习效率低下，缺乏长远的学习目标和系统的学习策略。在实际面对挑战时，学生往往容易产生焦虑和逃避心理，对未知事物的恐惧使得他们不愿意尝试新方法或新领域，从而限制了个人的全面发展。

6. 创新创业教育不足

高校人才培养在创新创业教育方面的不足，不仅体现在课程设计和教学方法上，也反映在课程设置陈旧、实践机会缺乏、教师素质参差不齐等多个方面。许多高校的教学设计往往注重知识的系统性和完整性，课程仍然采用传统的讲授式教学，教师主导课堂，授课方式单一、授课形式陈旧等问题不同程度存在，学生被动接受知识，缺乏参与和互动的机会，这种方式不利于学生主动探索和提出问题，导致他们的创新思维得不到有效培养。同时，课程设置缺乏跨学科的整合，限制了学生在不同领域之间的知识迁移与创新应用，忽视了激发学生的创造性思维和独立思考能力，进一步抑制了学生的创新意识。此外，创新创业教育的实践环节往往被忽视，很多高校仅仅停留在理论知识的传授上，缺乏与实际创业环境的对接。学生在校园内无法获得真实的创业体验，导致他们对于市场的敏感度和商业实践能力的培养不足。即便有些高校开设了相关的实践课程，但由于缺乏有效的指导和支持，学生在实践中难以将理论知识转化为实际操作，形成了"书本知识"与"实践能力"之间的断层。同时，许多教师缺乏相关的实践经验，无法为学生提供足够的指导和启发，导致学生在创新思维和创业能力的培养上面临困境。

7. 评价体系单一

高校人才培养方案评价体系的单一性同样是一个值得关注的问题。一方面，许多高校在人才培养方案的评价中，评价指标单一，过于依赖学术成绩和毕业生就业率，忽视了学生的实践能力和综合素质等其他重要的指标，如学生的综合素质、创新能力和实践能力。在评估人才培养效果时，大部分高校可能主要采用量化的评价方式，缺少定性分析，导致评价结果片面。此外，在实际实施中，很多高校缺乏有效的反馈机制，无法及时根据评价结果调整和优化人才培养方案。

二、高校人才培养模式改革的必要性

（一）社会经济发展对人才的需求变化

在当前数字经济、绿色经济和创新驱动等新兴领域快速发展的背景下，传统的人才培养模式显然已经不能满足社会的需求。高校需要从多方面进行改革，以更好地契合社会经济发展的脉搏。

科技的迅猛发展正在不断改变人才需求的结构。随着科技的迅猛发展，特别是人工智能、大数据、云计算等新兴技术的出现，社会对相关人才的需求急剧增加。许多传统行业也在进行数字化转型，促使对信息技术（IT）、数据分析、网络安全等专业人才的需求上升。高校需要及时调整专业设置，开设与新兴技术相关的课程，以培养适应未来发展的专业人才。

经济结构的变化导致对不同类型人才的需求发生变化。比如，制造业向智能制造转型，服务业特别是高端服务业（如金融、医疗、教育）的快速发展，使得相应专业人才的需求增加。与此同时，社会经济发展对人才的需求不仅体现在专业技能上，更在于对创新思维、团队合作及沟通能力的重视，许多行业对复合型人才的需求日益增加。高校课程设置应更加灵活与多样化，强调跨学科的融合，鼓励学生选修不同专业的课程，从而培养他们的综合素质和创新能力。

此外，全球化使得市场竞争加剧，企业需要具有国际视野和跨文化沟通能力的人才。跨国公司和外资企业的进入，也推动了对外语能力强、具有国际经验的人才的需求。

（二）学科发展对人才培养的影响

当前中国高校的学科发展呈现出多元化、交叉化和应用化的趋势，深受科技进步、社会需求、政策支持等多重因素的影响，表现出新的发展趋势：新兴学科的兴起、交叉学科的加强、传统学科的改革与创新、研究导向与应用导向并重、注重教育技术的应用。

学科的发展直接影响高校的学科设置和人才培养目标。当新的学科或交叉学科崛起时，高校需要更新和调整课程体系，以适应社会和经济发展的需求。随着学科的进步，教学内容也需与时俱进，新的研究成果和理论会被纳入课程中，推动教学内容的更新。与此同时，学科发展也促进了教学方法的创新，如在线学习、项目式学习等新模式的引入，这些方法能够提高学生的自主学习能力和实践能力。

另外，学科发展的前沿研究领域和热点问题为高校人才培养提供了丰富的实践机会。高校可以通过与企业、研究机构的合作，开展实践项目，培养学生的实际操作能力和解决问题的能力。

（三）学生个性化发展需求的提升

基于现代教育的多样性和灵活性，学生的个性化发展需求表现日益多样化。

学习方式多样化。自主学习能动性增强，学生希望能够选择符合自己兴趣和学习风格的课程，追求自主学习的体验。在线学习与离线学习相结合，越来越多的学生倾向于通过在线课程（如大规模开放在线课程 MOOC）等形式获取知识，结合传统课堂学习，形成个性化的学习路径。

提高课程选择的灵活性。跨学科选课需求增加，学生希望能够结合不同学科的知识，拓宽自己的视野和技能。普及定制化学习计划，学生根据个人目标和兴趣选择课程，制定契合自身实际情况的学习计划。

职业发展与实习机会的个性化。实习与实践项目专业相关性提升，学生希望高校能够提供更多与自己职业发展方向相关的实习和实践机会，以增强实际工作能力。职业规划指导需求增加，学生希望通过个性化职业咨询和指导，获得针对自身情况的职业发展建议。

心理健康与支持服务。心理健康关注加深，学生期望获得个性化的心理辅导和支持服务，以应对学习和生活中的压力。期望情感与社交支持，学生希望能够获得更多的个性化支持，如社交技能培训和情感管理课程。

个性化评估与反馈。多元化评估标准变化，学生希望评估方式不仅限于考试，更加关注过程性评价与多元化的评估方式，以全面反映个人能力和发展。随着及时反馈机制的建立，学生对学习过程中的及时反馈需求增加，希望教师能根据个人表现提供个性化的指导和建议。

三、高校人才培养模式改革的"变"与"不变"

高校人才培养模式的改革是一个动态的过程，既有"变"的新趋势，也有"不变"的核心原则。高校应在改革中坚持基础教育的根本任务，灵活应对社会的发展需求，培养出适应未来社会的高素质人才。

（一）"变"——改革新趋势

1. 课程设计的灵活性

跨学科整合：打破传统学科界限，推行跨学科、跨专业的课程设计，以培养更具创新力和适应性的复合型人才。

选修课程灵活性：打破专业界限，打通全校范围的课程选修，学生可以根据个人兴趣和未来发展进行自我选择，促进个性化发展。

2. 教学方法的创新

以学生为中心：教学方法转向以学生为中心，强调互动、合作学习和探究式学习，鼓励学生主动参与，提升学生的学习动机，促进批判性思维的发展。

在线与混合学习：采用在线课程（如MOOC）和翻转课堂等新型教学模式，灵活运用技术提升学习效果；虚拟现实和增强现实的应用为学生创造身临其境的学习环境，拓宽教育的边界，形成更加多元的学习生态。

3.对实践与实习机会的重视

项目导向学习：通过真实项目驱动学习，培养学生的实际操作能力和解决问题的能力，以灵活应对复杂情境。

校企合作：加强与企业的合作，提供更多实践和实习机会，增强学生的实践能力和职业素养。

4.评价体系多元化

从单一的考试评价转向多元化的综合素质评价，关注学生的创新能力、实践能力和团队合作能力。

5.国际化视野的拓展

引入国际课程：引入国际化课程和教学标准，借鉴优秀经验，提升教育质量。

国际交流与合作：鼓励学生参与国际交流项目，拓宽国际视野，提升全球竞争力。

（二）"不变"——改革的核心原则

1.培养目标的持续性

服务社会需求：高校人才培养依然以服务经济社会发展为导向，培养适应社会需求的人才。

德智体美劳全面发展：依然强调学生的全面素质教育，促进学生德、智、体、美、劳各方面的发展。

2.学术基础的重要性

扎实的专业基础：专业知识的系统学习仍然是人才培养的核心，确保学生具备扎实的学术基础。

科研素养的培养：鼓励学生参与科研活动，培养其科学思维和创新能力，保持学术研究的严谨性。

3.教师角色的稳定

教师的引导作用：教师仍然是学生学习过程中的重要引导者和支持者，负责知识传授和能力培养。

学术水平的要求：教师的学术水平和专业能力依然是保证教育质量的关键因素。

4.教育理念的延续

以人为本的教育理念：始终坚持以学生为中心，尊重学生的个体差异，关注其身心健康和发展需求。

终身学习的观念：培养学生的终身学习能力，鼓励其在未来不断学习和自我提升。

四、高校人才培养模式改革路径

（一）培养目标多元化

新时代背景下，高校人才培养模式的改革，要求教育管理者深刻领悟高等教育功能的转变，实现培养目标的多元化升级。面对知识经济和全球化的挑战，高校教育理念和培养模式的改革，不仅仅是课程内容和教学方法的更新换代，更是一种对于未来社会需求、行业发展及人才成长路径预判的教育智慧体现。聚焦快速变化的经济社会需求，设计符合时代要求的创新人才培养机制势在必行。

在培养目标多元化的探讨中，首要问题是明确未来人才的核心素质。现代社会对于人才的要求已经不再局限于单一的专业知识或技能，更强调创新能力、跨文化交际能力与终身学习能力。基于此，高校必须整合培养计划，从培养单一类型的专才转变为培养具有复合型素质的创新人才。在明确未来人才的核心素质之后，高校需要进一步细化多元化的人才培养目标，以适应不同领域与行业的需求。这种细化不仅体现在学科交叉与综合素质的提升上，还应涵盖对学生个性化发展的关注。每位学生都有其独特的兴趣、特长和发展路径，高校应当根据学生的特点，提供多样化的培养方案，以促进他们全面而个性化的成长。

具体的多元化培养目标应涵盖以下几个方面：

1. 强调跨学科的综合素养培养

现代社会对于人才的需求日趋多元化，单一学科的知识已无法满足复杂问题的解决需求。因此，高校应鼓励学生在专业学习的同时，参与跨学科的课程和项目，以培养他们的综合思维能力和协作精神。通过设立跨学科的研究中心和创新实验室，促进不同专业背景的学生进行合作，激发创新思维，培养能够在多种环境中灵活应对挑战的人才。

2. 注重实践能力的提升

理论学习固然重要，但将知识应用于实践中才是检验学习成果的重要标准。高校应加强与企业、行业协会的合作，设计实习、实训项目，让学生在真实的工作环境中锻炼技能。通过参与社会服务、志愿活动和创业项目，学生不仅能够增强自己的实践能力，也能提升社会责任感和团队合作意识。这样的实践经历将有助于他们在未来职场中快速适应并发挥作用。

3. 强化国际视野的培养

在全球化的背景下，人才的国际化素养显得尤为重要。高校应积极推动国际交流与合作，拓宽学生的国际视野。通过设立海外留学项目、国际学术研讨会和文化交流活动，鼓励学生了解不同文化背景和社会发展模式，从而培养他们的全球思维和跨文化沟通能力。这样的培养目标将使学生在未来的国际化工作环境中，能够自信地参与全球竞争。

4. 重视人文素养和道德伦理的培养

当前社会对于人才的要求不仅限于专业技能，更强调道德责任与人文关怀。高校应在课程中融入哲学、伦理学、社会学等人文学科的内容，培养学生的道德判断能力和人文关怀意识。通过开展道德教育、社会责任课程以及相关的讨论与实践活动，帮助学生树立正确的价值观和世界观，使他们在未来的职业生涯中能够坚持诚信与责任，成为有担当的社会公民。

多元化的人才培养目标不仅需要教育者对时代需求的敏锐洞察，更要求高校在培养过程中落实全面的教育理念。这种综合性的培养模式将为学生的全面发展奠定坚实的基础，使其在未来的社会中能够肩负起更大的责任，迎接更多的挑战，成为推动社会进步的中坚力量。

（二）学科专业设置宽泛化

在高等教育高速变革的背景下，人才培养必须紧跟时代步伐，顺应新时代的要求。宽泛化的学科专业设置是新时代背景下高校教学管理创新与发展的重要组成部分。宽泛化的设置不仅是教育改革的应然趋势，也是高校应对日益多样化、个性化的学习需求的战略选择，更是推动学科交叉、促进知识融合的重要手段。

宽泛化的学科专业设置是指高等院校在专业设置上不再拘泥于传统的学科边界，而是赋予学科更多的灵活性和包容性。此举不仅扩展了学生的知识视野，也为创新创业教育提供了更加肥沃的土壤。在构建宽泛化的学科专业设置下，由此诞生的跨学科专业不再单一依托于特定学科，而是通过交叉融合产生了新的学术领域和研究方向，为学科发展开辟了新的维度与路径。

实施宽泛化学科专业设置时，高校需在课程设计上下功夫。依据市场需求与社会发展趋势调整课程结构，引入多学科交集的课题，鼓励学生自主选择跨专业的课程，以应对快速变化的职业市场和知识经济。如此，学生既能在专业领域深造，又能够通过跨学科学习拓宽知识面，培养解决复杂问题的能力。

注重实践教学在宽泛化的学科专业设置中占有核心地位。将实践教学与创新创业项目相结合，不仅加深了学生对知识的理解和应用，也为学生创造了多样化的学习场景和体验机会。提高实践教学的质量与效果，需要高校构建有效的实践教学体系，将理论课程与实践项目无缝结合，通过现实工作环境和市场的实际需求来调整和优化实践教学的内容和方法。

随着知识经济时代的到来，宽泛化的学科专业设置凸显了教育领域的前瞻性与适应性，对于培养新时代的高等教育人才提供了强有力的支持与保障。高校应把握时代脉搏，勇于改革，不断调研社会对高级人才的需求，将职业素养、创新精神和实践技能融入人才培养之中，同时也需关注学生的个性化发展，保障学生可根据自身特点和职业规划做出合理的学习选择，创新教育教学模式，以适应社会发展的新要求。

（三）课程体系一体化

新时代背景下，随着创新型人才需求的出现和知识经济的迅速崛起，对高等教育人才培养模式的改革提出了更高的要求。一体化课程体系构建作为人才培养模式改革的重要组成部分，其不仅涉及课程结构和内容的创新，还涉及教学方法和教材的更新，进而实现专业教育与创新创业教育的深度融合。

当前的课程体系已经不能满足工业4.0时代复合型、创新型人才的培养需求。高校需要构建融合理论学习与实践操作，跨学科综合与专业深入，线上探索与线下实践的一体化新型课程体系。这要求我们在课程的设置上实现科学性和前瞻性，课程的内容要与时俱进，紧贴科技发展和产业变革的最前沿，同时还要有利于学生批判性思维和创新能力的培养。

针对人才素质所提出的多样化培养目标，高校的教学管理和课程设计应当体现出更大的包容性和灵活性。这不仅仅体现在通识教育的比重增加和多学科交叉课程的开设上，还包括对学生自主学习和探索精神的激发，以及创新创业实践项目的融入。以学分银行制度为例，赋予学生更大的学习自主权，充分尊重学生的个性化学习需求，促进其在不同学习阶段积极展示多样化成果，进而反映多元化培养目标的实实在在的成效。为了实现这一目标，高校教学管理部门需要与企业、研究机构等产学研各方进行紧密的合作，通过产学研用相结合，共同研发适应新要求的课程体系。这样的课程体系不仅要有固定的基础课程，更要有广泛的选修课程和自由度高的实验、实训项目。这种选修课程和实践项目能够基于市场和行业的实际需求设计，能够让学生在专业学习的同时，根据个人兴趣和未来职业规划进行个性化选择。课程设计要注重灵活性和开放性，采用模块化配置。学生可以按照自身的学习节奏进行课程的选择和学习，不再局限于固定的学期和年级体系。

高校应建立课程动态调整机制，根据社会需求、科技进步和行业变革，定期评估和更新课程内容，确保课程内容与时俱进，增强课程实用性和针对性。特别是在人工智能、大数据、环境科学等快速发展的领域，高校应积极引入新知识、新技术，培养学生的前瞻性视野和适应能力，通过与企业、研究机构开展合作，开发实用的课程和项目，使学生在真实情境中锻炼实践能力，提升就业竞争力。同时，通过加强与国外高校的交流与合作，积极引入国际先进的教育理念和课程体系，开展双学位项目、交换生计划、海外实习等，拓宽学生的国际视野，提高其跨文化沟通能力和全球竞争力。鼓励学生参与国际学术会议和科研项目，让他们在更广阔的平台上展示自己的才华，积累更多的实践经验。

重视学生的心理健康和职业规划教育也是高校课程体系创新的重要组成部分。高校应设立专门的心理辅导和职业发展服务中心，帮助学生应对学习和生活中的各种压力，提升其心理素质。同时，通过职业规划课程和讲座，引导学生明确自己的职业目标，培养其自主学习和职业发展的能力。这样不仅有助于学生的个人成长，也为其日后的职业生涯打下坚实的基础。

　　值得注意的是，一体化课程体系构建是高等教育改革中的一项系统性工程，它要求高校进行教育教学改革，在制度设计、资源整合、教育理念更新等方面下功夫，真正实现课程内容与教学方法的有机结合，使教学管理工作与人才培养目标相一致。这不仅能够增强高校教学的针对性和有效性，还能够促进学生全面发展，最终实现高等教育的长远发展和社会服务功能。

（四）教学内容科学化

　　新时期下，针对高等教育人才培养兴起了一场史无前例的变革，其中科学化的教学内容安排成为教学管理创新的明显标志。结合人工智能、大数据分析与认知科学的最新成果，高校教学内容的设计与安排日益呈现出数据驱动和个性化的特征，旨在全面提高培养方案的适应性和前瞻性。

　　随着职业生涯规划日益多样化，学生对于教育内容的需求变得更加个性化和动态变化。为了适应这一变化，高校在课程体系的构建上采取了更为科学的方法，例如通过学生大数据分析，识别出学生的学习兴趣、职业倾向、学习风格等特征，据此开发出能够响应个体差异的教学方案。此外，通过与行业企业的协同合作，高校能够及时更新教学内容，保证学习目标与市场需求的同步性，这对于培养学生的实际操作能力和创新能力起到了直接的促进作用。

　　教学内容的科学化安排还表现在以问题为导向的课程设计上。高校强化学科交叉融合，开设多学科综合课程，鼓励学生通过跨学科项目来解决实际问题，以此来锻炼学生的综合分析能力和团队协作能力。此种形式的学习体验能够显著提高学生学习的积极性和主动性。在课程教材的选择和更新上，高校更倾向于采用开放教育资源（OER）。这些资源通常可以免费获取，内容也更为丰富和及时，为学生提供了一个更为广阔的学习平台。同时，高校充分利用数字化教学资源，包括在线课程以及虚拟实验室等，使教学内容更加丰富、互动性强，学生能在模拟的场景中进行学习，这极大增强了学生的学习体验和实践能力。

　　通过对教学方案的整体大数据监控，高校能够实时收集反馈信息，识别教学过程中的不足，并迅速进行调整。这种持续的质量保障机制保证了教学内容的时效性和有效性。在学术上，加强了关键思维能力和创新能力的培养，强调研究导向的课堂讨论和案例研究，旨在不仅让学生理解知识，更重要的是培育他们运用和创新这些知识的能力。

　　新时代的高校人才培养模式改革必须建立在科学化的教学内容安排之上。高校必须通过大数据分析、跨界合作、问题导向教学、开放资源等多元策略的融合，来有效提升教学质量及学生的综合素质，并为他们未来的成功奠定坚实基础。这不仅需要高校教学管理部门的高度重视和科学策划，同时也需要全社会，特别是教育、产业和政策制定部门的共同协作与支持。

（五）培养方法现代化

随着社会对人才复合型、创新型素质的不断追求，新时代高校在培养方法运用上持续探索，致力于将创新科技和现代教学手段紧密结合，打造符合时代发展要求的教学环境和学习模式。在动态调整教育策略与实践中，高校客观审视传统教育方法的局限，通过引入现代化的培养方法，激发学生的创造潜力与实践能力，全面推动人才培养模式的革新。

在此背景下，以项目为导向的教学（PBL）作为一种有效的现代化教学手段被广泛应用。PBL 以解决实际问题为核心，强调学生主动参与、合作探究和反思实践的特点，在培养学生的问题解决能力和团队协作精神方面成效显著。通过实际项目的设置，学生可以在实践操作中有效对接理论与实际，增强项目管理能力和团队协作能力的培养，将所学专业知识转化为解决问题的方案，进而显著提升他们的综合应用能力。

此外，翻转课堂模式作为另一种培养方法，在新时代教育改革中扮演着重要角色。在此模式下，学生通过预先学习线上课程材料，然后在课堂上与同伴及教师深入探讨问题，从而更好地掌握知识和提高批判性思考能力。对传统教学模式的颠覆性创新，不仅优化了教学资源配置，而且更加注重培养学生的自主学习能力和创新精神。当前一些先进教学平台的支持，例如超星和智慧树等，为翻转课堂的实施提供了有力工具。

数字仿真技术的引入，为实验和实践性较强的学科提供了新的解决途径。通过高级仿真软件和虚拟现实（VR）设备，学生在无风险的环境中对实际操作进行模拟，不仅大幅降低了实践教学的成本与安全风险，更重要的是极大丰富了实践教学内容，使学生能在近乎真实的环境中完成学习任务。这种高科技手段的应用，在提高学生专业技能训练的同时，也为高校教学管理提出了新的挑战和发展方向。

结合智能教学系统和大数据分析手段，教学管理者能够获得学生学习过程的实时反馈信息。借助学习分析和教育大数据，教师能更准确地掌握学生学习状态，实现精准教学和个性化辅导。这些技术的应用，能够促进高校教学过程的优化与教学成果的最大化，为提升学生能力和推进创新创业教育奠定坚实基础。

当前教育改革的大潮中，新时代高校教学管理创新与发展要以提升人才培养质量为核心目标，深入挖掘和广泛应用现代化的培养方法，促进传统教育方式与现代科技的完美融合，为培育更多具有全球视野、创新精神与实际操作能力的高素质人才提供坚实支撑。借助现代化培养手段，高校不仅能够应对新时代的教育挑战，还能为社会和经济发展持续注入新的动能。

（六）管理制度灵活化

随着高等教育大众化进程的不断推进，当前高校人才培养模式亟需改革以适应社会发展的新需求。新时代背景下，高校教学制度的灵活化选择成为推动教育创新与发展的关键。灵活化教学制度强调在教学过程中注入更多的弹性和开放性，以促进学生的全面发展和自主学习能力的提升。在实施灵活化教学制度时，需要关注不同教育阶段和学科特点，通过个性化的课程设置和教学方式，来满足学生的多元化需求。

首先，灵活的选修课程政策为学生提供了跨学科学习的机会，这不仅能够拓宽学生的知识视野，还能提升学生的自主学习能力。在这一政策框架下，学生可以根据自身兴趣及未来职业规划选择课程，从而实现知识的综合运用和创新能力的培养。同时，通识教育比重的增加有助于学生形成扎实的文化素养和跨学科的思维能力，这对于培养新时代复合型人才至关重要。通过在线开放课程的引入，学生能够在全球范围内进行学习交流，促进了学术的国际化与资源共享，这也为学分银行制度的实施提供了可能。

其次，考试制度的变革是灵活化教学制度的重要组成部分。建立包含过程评价和结果评价的全面评价机制，过程评价关注学生的学习态度、参与度和创造性，而结果评价则更多地考查学生的知识掌握和技能运用水平。通过改革传统的考试方式，注重过程性考核，不仅能够减轻学生的记忆负担，还可以鼓励学生进行深入的理解与思考。分层次评价与成长性评价则体现了对学生个体差异和不同发展阶段的关注，通过对学生的全面评价，更有助于发现学生的潜力和持续改进教学效果。此外，综合素质的评定更加注重学生的实际能力和创新精神，这是培养学生面对未来挑战的重要基础。

高校在新时代的人才培养模式改革中，应充分实施灵活化的教学制度选择，着力构建符合未来社会需求的培养体系。通过教学制度选择的变革，不仅能促进高校教学管理创新与发展，还能够为学生提供全面发展的平台，为社会培养能够适应新时代挑战的优秀人才。

第五章 高校课程管理制度改革

随着社会经济的不断发展和高等教育的普及，高校课程的质量逐渐成为学术界和社会广泛关注的焦点，课程的重要性也随之提高。为提升课程实施的效果和质量，加强对高校课程的管理已成为客观需求和重要保障。高校课程管理制度是一套具有权威性和强制性的行为规范，旨在明确课程管理组织的设置、权限的划分以及调节相关主体之间的关系，确保人才培养目标的实现。因此，对高校课程管理制度进行系统性的改革研究，是我国高等教育教学管理制度改革的重要任务。

一、高校课程管理制度改革的必要性

高校课程管理制度改革是提升教育质量、满足社会需求、提高国际竞争力以及促进教育公平性的必要措施。通过改革，高校能够更好地适应快速变化的社会环境，培养出高素质、全面发展的创新型人才。高校课程管理制度改革的必要性体现在多个方面，这些因素共同推动了教育质量的提升和学生能力的培养。

（一）适应社会发展需求

1. 社会经济转型的需要

产业升级对人才素质的新要求：随着社会经济从传统产业向高新技术产业、现代服务业等领域转型，对高校人才培养的素质结构提出了新的要求。高校原有的课程管理制度下的课程体系往往侧重于单一学科知识的传授，难以满足这种复合型人才培养的需求。因此，课程管理制度改革是使高校课程能够紧密围绕产业升级需求，培养出适应新经济形态的高素质人才的必然选择。

新兴职业的出现：社会的快速发展催生了许多新兴职业，如数据分析师、人工智能工程师、新媒体运营等。这些新兴职业要求高校毕业生具备

全新的知识体系和技能组合。高校课程管理制度如果不进行改革，课程设置就无法及时跟上新兴职业的发展步伐，导致学生所学知识与就业市场需求脱节。通过改革课程管理制度，高校能够及时调整课程内容，开设与新兴职业相关的课程，增强学生的就业竞争力。

2.社会文化变迁的需要

文化多元化背景下的课程要求：在全球化和文化多元化的背景下，学生需要具备跨文化交流能力和对多元文化的理解能力。高校课程管理制度改革可以促使学校在课程设置中增加文化类课程的比重，如世界文化史、跨文化交际等课程，同时鼓励教师在教学过程中融入多元文化元素，以培养学生的文化包容意识和跨文化沟通能力，使学生更好地适应社会文化环境的变化。

社会价值观变化对课程的影响：当代社会价值观更加注重创新、合作、社会责任等理念。高校课程管理制度的改革能够引导学校在课程体系中强化这些价值观的教育。例如，通过设置创新创业课程培养学生的创新精神和创业能力，开展社会实践课程增强学生的社会责任感，调整课程评价体系鼓励学生在团队合作项目中的积极表现，从而使课程内容和教学方式符合社会价值观的变化趋势。

（二）满足学生个性化发展需求

1.学生个体差异的凸显

学习风格差异：每个学生都有自己独特的学习风格，有些学生是视觉型学习者，更擅长通过图像、图表等方式学习；有些是听觉型学习者，喜欢通过听讲获取知识。原有的统一课程管理制度下的教学方式可能无法满足所有学生的学习风格。改革课程管理制度，能够促使学校采用多样化的教学方法，如增加线上教学资源，提供丰富的多媒体学习材料，开展小组讨论、实践操作等多种教学活动，以适应不同学习风格学生的需求。

兴趣爱好和职业规划差异：学生的兴趣爱好和职业规划各不相同。有些学生对学术研究感兴趣，希望将来从事科研工作；有些学生则热衷于将知识应用于实际，倾向于就业创业。传统的课程管理制度下的固定课程设置无法为学生提供足够的选择空间。通过改革，高校可以构建更加灵活的课程体系，如增加选修课程的比例，设立跨学科专业方向，允许学生根据自己的兴趣和职业规划自主选择课程组合，实现个性化的发展。

2.学生自主学习能力的提升

学习主体地位的强化：现代教育理念强调学生是学习的主体，学生的自主学习能力对于其终身学习和发展至关重要。课程管理制度改革可以通过多种方式激发学生的自主学习意识和能力。例如，设置自主学习课程模块，要求学生在一定时间内自主完成一个学习项目，学校提供相应的学习资源和指导教师，让学生在自主探索中提高学习能力。

学习资源的整合与开放：改革后的课程管理制度有利于整合校内校外各种学习资源，并向学生开放。学校可以建立在线学习平台，整合国内外优质课程视频、学术文献、实践案例等资源，同时与企业、科研机构等合作，为学生提供实习实践基地、科研项目参与机会等。这些丰富的学习资源能够满足学生自主学习的需求，拓宽学生的学习渠道，使学生能够根据自己的学习进度和需求灵活安排学习内容。

（三）推动教学质量提升

1. 课程体系优化的需要

知识结构的系统性与前沿性：改革课程管理制度有助于构建更具系统性和前沿性的课程体系。通过对课程设置的合理规划，能够避免课程内容的重复和脱节，使各学科知识之间相互衔接，形成一个有机的整体。同时，学校可以根据学科发展动态和科研最新成果，及时更新课程内容，确保学生所学知识具有前沿性。

实践教学的强化：课程管理制度改革可以加强实践教学环节在课程体系中的地位。实践教学是提高学生动手能力和解决实际问题能力的关键。改革后的制度可以明确实践教学的目标、内容、考核方式等，确保实践教学与理论教学紧密结合。

2. 教学方法创新的推动

课程管理制度与教学方法的协同性：课程管理制度改革能够为教学方法的创新提供制度保障。例如，新的课程管理制度可以鼓励教师采用项目式教学、案例教学、探究式教学等方法。通过规定课程教学目标的多元化（包括知识传授、能力培养和素质提升），促使教师改变传统的以知识讲授为主的教学方法，探索更有利于学生能力和素质发展的教学模式。

教学评价体系的改革促进教学方法改进：改革课程管理制度中的教学评价部分，将教学方法的创新性和有效性纳入评价指标体系。这可以激励教师不断尝试新的教学方法，并根据评价反馈及时调整教学策略。例如，评价教师教学时，不仅关注学生的考试成绩，还要考查学生在课堂参与度、实践操作能力、团队协作能力等方面的表现，从而推动教师采用能够提高学生综合能力的教学方法。

二、课程管理权力的实现

（一）保障院系课程管理权力的实现

新时代背景下，高等教育体系正在经历前所未有的变革，高校课程管理制度改革已经成为优化教育资源配置、提升人才培养质量的重要抓手。保障院系课程管理权力的实现机制，不仅是提升教育质量的基础，也是推动高等教育改革、实现教育公平与效率的重要保障，能够有效促进学科专业的特色发展与课程体系的创新。

1. 保障院系课程管理权力的重要性

院系作为教育实施的前沿阵地，不仅是专业知识的传授主体，更是创新人才培养的战略单位，其在课程设置和管理上的自主权越大，越能根据市场需求和学科前沿动态，及时调整和优化课程内容。这种灵活性不仅能够提升课程的实际适用性，也能切实增强学生的学习兴趣和参与感，从而促进整体教育质量的提升。

院系课程管理权力的有效保障，有助于激发教师的积极性与创造性。教师是课程内容的直接设计者和实施者，若能够在课程管理中拥有更大的话语权，将能够更好地结合自身的专业特长与研究方向，设计出更具针对性和前瞻性的课程体系。教师的参与感和成就感也会因其对课程的掌控而得到增强，从而形成良性循环。这种良性循环不仅提升了课程质量，也促进了教师与学生之间的互动，增强了学习的趣味性与有效性。当教师能够自主选择和调整课程内容时，他们更容易将最新的学术研究和实践经验融入教学，培养学生的批判性思维与创新能力，最终推动教育整体的进步与发展。

课程管理权力的实现机制还有助于促进院系之间的协同合作。通过建立跨院系的课程协调机制，不同学科之间可以进行资源共享与优势互补，形成更为丰富和多元的课程体系。这不仅有助于培养复合型人才，也能推动学科间的交叉与融合，进一步推动教育的创新与发展。

课程管理权力的有效运用还可强化院校内部的反馈机制，使得各院系能够及时反映教学过程中的问题与挑战。通过定期的评估与反馈，教育管理者能够更好地调整课程设置与教学策略，确保教育质量的持续提升。这种动态调整不仅提升了教育的适应性，也为学生的个性化学习提供了保障，使他们在不断变化的社会环境中具备更强的竞争力。

2. 实现机制构建

保障院系课程管理权力的实现机制并非易事。在实际操作中，如何确保这一权力的有效下放与行使，成为亟待解决的问题。

构建清晰的政策框架是关键。高等院校应制定相应的政策，明确各院系在课程管理中的权限与责任，以防止因权责模糊引发的管理混乱。该政策框架不仅需涵盖课程设置、评估与调整的程序，还应明确院系在课程资源分配、教师选拔及培养等方面的自主权。

信息透明度及沟通机制的构建是确保课程管理权力有效行使的重要组成部分。高等院校应建立一个开放的信息共享平台，以便各院系能够及时获取市场需求、学科前沿动态及教育政策等相关信息。这种信息透明化不仅有助于院系在课程设计中做出科学合理的决策，还能促进院系之间的沟通与协作，从而推动资源的高效配置与共享。院校还应定期组织跨院系的研讨会，鼓励教师和管理人员分享课程改革的成功经验与挑战。这种互动不仅能提升各院系的创新能力，也能帮助形成共同的教育理念，从而进一步增强课程管理的整体效能。

院系课程管理权力的保障还需依赖于有效的评估与反馈机制。高校应定期对课程设置及管理实施全面评估，以学生的学习成效和满意度作为核心评估指标，同时关注课程对学生创新能力和实践能力的培养效果，收集来自学生、教师和用人单位的反馈信息，以此为基础进行课程的动态优化。这种评估不仅应关注课程内容的适宜性与前瞻性，也应重视教学方法的创新和教学效果的提升。通过建立多元化的评估标准，确保课程管理权力的行使不只是形式上的自主，而是能够真正反映教育质量的提升。

支持院系课程管理权力的实现机制还需强化院系的管理能力与资源保障。高校应通过培训与资源配置，提升院系在课程管理方面的专业化水平。定期对院系进行管理能力的评估与培训，既能增强院系的管理能力，也能提升院系在课程设置中的科学性与创新性。同时，为院系提供必要的资金、技术与人力支持，确保他们在实施课程管理时有足够的资源与条件去进行探索与实践。

营造一个包容与创新的校园文化也是保障院系课程管理权力实现的重要支撑。高校应鼓励院系在课程管理中进行大胆创新，尊重各个院系的特色与自主性，形成多样化的课程体系。在这种文化氛围中，院系能够更加积极地探索符合自身特点的课程管理模式，从而推动整体教育质量的提升。一系列激励政策的引入同样是推进课程管理制度改革不可或缺的一环。通过建立科技成果转化的收益分配机制，以及实施存在梯度的教学研究基金奖励制度，院系可获得更多投入创新课程开发与改良的动力和资源。

新时代下的高校课程管理制度改革，要求高校院系在国家大政方针的指导下，准确掌握教育改革的脉搏，灵活运用创新思维和创新工具，与时俱进地调整和优化课程管理战略。通过科学合理的权力配备、激励机制设计、效果评估和国际化操作，实现课程管理的高效功能，以培养更多适应未来挑战的创新人才。

（二）建立教师参与课程管理的激励机制

随着高等教育领域竞争的加剧和高校教学质量要求的提高，教师在课程管理中的参与作用愈发重要。传统的课程管理模式中，教师的主体地位并未得到充分发挥，他们在课程设计、教学内容更新、教学方法革新以及学生能力评估方面的专业判断常常受到行政决策的限制。为了发挥教师在课程管理中的创造性和专业性，学校管理体系必须建立起鼓励教师参与的激励机制，激发其管理课程的积极性和创新性，形成高校课程改革的内生动力。

1.激励机制的主要方面

激励教师参与课程管理的策略，应当以深化教师对职责的认同以及提升教师的主观能动性为出发点。教师不单是知识的传递者，更是课程设计、实施以及评估的关键参与者。构建教师参与课程管理机制的首要任务在于确立教师于课程管理中所具有的核心地位与重要作用，增强教师的身份认同感。具体可通过明晰课程管理的目标以及教师在此过程中的责任，助力教师充分意识到自身对于学生学习和教育质量的直接影响力。在此过程中，高校需要重新架构教师评价体系，将教师参与课程管理的程度和成效当作晋升、奖励的重要依据。课程管理所涉及的活动领域颇为广泛，教师的专业知识和教学经验应当得到广泛的认可，并转化成为管理课程的能力与权利。当教师在课程管理中获得更多的参与权和话语权时，他们在课程设计上更加贴近市场需求、更能体现个性化和创新性。这符合当前高等教育普遍倡导的"以学生为中心"的改革导向，有利于学生能力的全面发展。另外教师在享有一定自治权后，常伴随教学方法的多样化和教学效果的优化，不仅可以提高学生的学习效率，还可以促进教师个体的专业成长和提升团队的教学创新能力。

经济激励是教师参与课程管理的重要推动力之一。借由合理的薪酬体系与奖金机制，学校能够切实有效地激励教师在课程管理中积极投入。具体来讲，学校能够依据教师在课程设计、教学成效、学生满意度等方面所作出的贡献，施予相应的经济奖赏。在实际操作层面，拟定针对课程管理的具体奖励政策，像是教改项目的立项扶持、创新课程的资金激励、教学成果的学术认同等，均能显著增强教师的主观能动性与参与意愿。此类奖励不但能够直接提高教师的收入水准，还能够增进其对于课程管理的责任感与使命感，进而促使教师更为积极地投身于课程改革的实践当中。

职业发展机会的提供也是激励机制的重要方面。教师的职业生涯发展与其参与课程管理的积极性密切相关。职业发展不仅仅体现在培训与进修上，还应包括明确的职业晋升通道。学校应当建立清晰的教师职业发展框架，明确各种职称评审的标准与程序，使教师能够清楚了解自己的发展方向和目标。通过这一机制，教师可以设定个人职业目标，制定相应的行动计划，从而增强其职业发展的主动性和积极性。与此同时，学校应定期进行职业发展需求的调研，了解教师在职业发展过程中遇到的困难与挑战，以便及时调整和优化职业发展支持措施。例如，教师在课程管理中可能面临时间管理、资源配置和团队协作等多方面的挑战，学校可以通过组织专题培训、提供资源支持等方式，帮助教师克服这些困难，提升其在课程管理中的能力。此外，学校应鼓励教师参与学术研究和项目申报，帮助他们在学术上获得更高的认可，从而在职业生涯上实现更大的突破。通过职业发展的激励，教师能够看到参与课程管理的长远利益，从而更加积极地参与其中。

参与决策机制是教师激励的重要组成部分。教师在课程管理中的角色不仅应局限于执行，还应拓展至决策层面。学校需建立有效的反馈机制与沟通渠道，以鼓励教师对课程设计、教学策略及评估标准等方面提出见解和建议。通过设立教师委员会或定期召开教师研讨会，学校能够确保教师在课程管理中的声音得到充分表达，使其感受到自身观点的价值与重要性，从而提升其参与的积极性。教师参与决策的重要性不仅体现在其对课程管理的直接影响上，更在于这种参与能够促进教师的专业成长和团队合作精神。当教师被赋予决策权时，他们更有可能主动探索创新的教学方法，反思自己的教学实践，从而提升整体教学质量。参与决策的过程能够增强教师的归属感和责任感，促使他们更加投入于学校的发展与学生的成长。实际操作中，学校还应构建一种包容和开放的文化，鼓励教师之间分享经验和见解，形成共同学习的氛围。在决策过程中，教师的多样化视角与经验能够为学校带来新的思路，有助于制定出更加符合实际需求的政策和措施。通过教师的参与，学校可以更好地识别和解决教学中的实际问题，从而实现教育目标的有效达成。

2. 实践支持

建立起教师参与课程管理的激励机制并非一蹴而就，它需要系统的策略规划和贯彻执行。对教师参与度的考核评价需要设定合理的标准和明确的指标，同时，定期回顾和调整激励政策，确保其科学性、合理性和动态性。无论是教师发展培训、教学资源的配置，还是课程改革的支持和认可，都要求具有综合性和可操作性，能够兼顾不同教师的需求和特点，促进课程改革的整体性和协调性。

与此同时，高校管理者应主动倾听和吸收教师的意见和建议，形成共识，通过建立互信和相互支持的合作环境，为教师参与课程管理提供稳固的基石。这亦是现代教育理念与管理制度创新的必然要求，也是激发教师潜力、提高课程质量、培养创新型人才的核心途径。

在完善激励机制的同时，高校还需要构建一套灵活开放的工作环境，以保障教师充分发挥其专业能力。这包括但不限于为教师提供必要的教学研发资源、营造自由的学术交流氛围、给予教师足够的课程管理自主权。例如，通过建立跨学科课程开发团队，将不同领域的教师聚集起来，利用他们的集体智慧，设计出更为符合时代要求的课程内容。同时，对于具有较高学术成就和教学效果的教师，应给予更多决策权和自主空间，允许其创新课程设置和教学方法，实现课程内容和教学形式的双重革新。

（三）构建学生课程管理权力的实现机制

在当前教育改革背景下，高校课程管理制度改革势在必行，特别是学生课程管理权力的实现机制，这已成为教学管理创新的重要组成部分。构建学生课程管理权力的实现机制，不仅涉及学生学习自主权的实现，也关系到教学资源的合理分配和课程体系的科学构建。现阶段，众多高校纷纷通过推行课程选修制度、学分制度和学业指导机构的建设等方式，来落实学生课程选择权力，并在此基础上构建起更为复杂的权力实现机制。然而，构建学生课程管理权力的实现机制不仅仅是对权力的简单分配，而是一个系统性的工程。为了更好地保障学生在课程管理中的主动性与参与感，高等院校应当从制度、流程和文化三个层面进行全面深化与拓展。

1. 制度保障

制度层面，学校应当建立明确的学生课程管理权力框架。这一框架不仅应涵盖学生的选课权、评估权和反馈权，还应明确学生在课程设置、教学评估及教育资源配置等方面的参与权。高校应建立一个全面且开放的课程管理信息平台，以此为基础，加强校内外各类教学资源的整合和开放共享。这不但可以拓宽学生选择课程的范围，发挥校内实训基地和外部实践实习基地的资源优势，还有助于建立起大学生科技园、创业孵化园等实践基地，促进学生在实践中掌握和应用所学知识，促进其创新创业能力的发展。

在制度层面的进一步发展中，高校还应注重学生参与课程管理的多样性和灵活性。高校可以成立"学生课程管理委员会"，由学生代表、教师和管理人员共同组成，定期召开会议，讨论与课程管理相关的各种议题，确保学生的声音能够被有效听取并纳入决策过程。除了传统的选课机制外，可以考虑引入"学生课程建议箱"或"在线反馈平台"，鼓励学生提出他们对课程内容、教学方式和评估标准的看法和建议。这种互动不仅能够增强学生的参与感和归属感，还能为学校课程的改进提供宝贵的第一手资料。

高校还应当关注课程管理的透明度与问责机制。这可以通过定期发布课程管理报告，向全体师生公开课程设置、选课结果及学生反馈的处理情况，以增强制度的透明性和信任感。学校应建立健全问责机制，对未能有效处理学生反馈的相关人员进行评估和调整，确保每一个环节都能体现出对学生意见的重视与响应。同时，高校应当积极引入外部资源与专家意见，建立与行业合作的课程评审机制。通过与企业、行业协会的紧密联系，及时更新课程内容，让课程更加贴近市场需求与实际应用。

2. 流程畅通

流程层面，优化课程管理的各个环节，确保学生能够在课程选择和学习过程中享有充分的权利与自由。例如，学校可以通过信息化手段，建立一套智能化的选课系统，以便学生能够方便快捷地了解各门课程的内容、授课教师及学分要求等信息。

尤其应当关注的是，课程管理权力实现机制应该允许学生对课程内容提出合理化建议及反馈，确保课程内容能够与学生个人发展规划以及行业发展趋势相匹配。在此过程中，学校需通过建立科学的评价反馈体系，对课程的实施效果进行定期评估，鼓励学生对课程进行匿名评价，以确保评估结果的客观性与公正性。在此过程中，学校应重视对学生反馈的处理和应用，将其纳入课程改进和教师考核的重要依据。这一过程需充分考虑学生的体验和满意度，而不仅仅是依据教师的教学计划或者学校的整体教学安排。

高校还应积极引入现代信息技术，利用大数据分析学生的学习行为与成绩，依据数据制定个性化的课程推荐，帮助学生更好地匹配自身需求与课程设置。在推动学生参与课程管理的同时，学校还需重视教师的专业发展。通过教师培训和研讨会，提高教师在课程设计与教学方法上的创新能力，以适应学生多样化的学习需求。建立教师与学生之间的有效沟通机制，使教师能够及时了解学生的学习进展与困难，从而调整教学策略，提升整体教学质量。最后，强化社会各界的协同参与，通过与企业、行业协会的合作，拓宽课程内容与实践的广度和深度，为学生提供更为丰富的学习体验和成长空间，促进其综合素质的提升，为未来的职业发展打下坚实基础。

3. 文化支持

文化层面，营造尊重学生意见与参与的校园氛围，将课程管理权力的实现机制内化为学校文化的一部分。高校应积极引导学生参与课程管理的各个环节中，使其意识到自己是教学过程的重要参与者，而非单纯的受教育者。通过举办各类课程管理主题的讲座、研讨会及论坛等活动，学生的参与热情和管理能力得到了提升。同时，还可以开展课程管理相关的培训与工作坊，帮助学生掌握相关知识与技能，为其参与课程管理奠定基础。

　　高校在培养创新型、创业型人才方面，应重视学生的个体差异和个性化发展需求。因应这一需求，学校应当针对学生职业生涯路径的规划，提供多元化的课程模块，并建立起按需调配的课程资源管理模式。这一模式的设计不仅需要结合市场需求和未来发展趋势，更应与高校的人才培养目标紧密对接。通过修订人才培养方案，高效整合现有课程资源，构建出分类的实践教学体系，以满足不同学生群体的学习需求。

　　构建一套支持性强的导师制度也是文化层面拓展的重要组成部分。通过培养教师和学生之间的良好关系，导师可以引导学生在课程管理中发挥更大作用，帮助他们发掘自身潜力。同时，学校还应当组织各类文化活动，促进师生之间的交流与理解，营造一个和谐的校园环境。最后，高校应积极探索与国际教育接轨的机会，借鉴国外在课程管理方面的成功经验，通过国际交流与合作，丰富校园文化，提升教育质量。

三、课程管理制度改革创新方向

（一）以学生为中心的个性化发展方向

1. 定制化课程体系

（1）自主选择课程模块

　　高校应构建更具弹性的课程体系，允许学生根据自身兴趣、能力和职业规划自主选择课程模块。除了专业核心课程，可设置不同方向的选修课程群，学生可以根据个人不同目标，选择适合自己的课程组合，实现个性化发展。

（2）个性化学习路径规划

　　借助信息技术和专业的学业指导，为学生设计个性化学习路径。根据学生入学时的学业水平测试、兴趣爱好调查等结果，为学生推荐不同的课程学习顺序和进度。比如，对于学习能力较强的学生，可以适当加快基础课程学习进度，提前学习专业进阶课程或参与科研项目。

2. 个性化评价体系

（1）多元评价指标

　　建立以学生全面发展为目标的多元评价指标体系。除了传统的考试成绩，还应纳入实践能力、创新思维、团队协作、社会责任感等多方面的评价内容。在实践能力评价方面，对于工科学生可以通过实验操作、课程设计、实习表现等进行评估；对于文科学生则可考查社会实践活动参与度、案例分析报告质量等。

（2）动态评价过程

实施动态的课程评价过程，关注学生在学习过程中的成长和变化。例如，采用学习档案袋评价方式，记录学生在整个课程学习期间的作业、项目作品、课堂表现、自我评价和教师评价等资料，体现学生的学习轨迹和进步情况。同时，根据学生的实时反馈和表现，及时调整评价重点和方式，使评价结果更能反映学生的真实水平和努力程度。

（二）融合前沿技术与跨学科融合方向

1.课程与前沿技术相融合

（1）将新兴技术融入课程内容

及时将新兴技术融入课程内容，使课程具有时代性和前瞻性。如在计算机科学专业，将人工智能、大数据、区块链等最新技术的理论和应用纳入课程体系，让学生接触到行业前沿知识，为未来的职业发展和科研创新奠定基础。

（2）利用技术创新教学方法

利用虚拟现实（VR）、增强现实（AR）、在线教学平台等前沿技术创新教学方法。VR和AR技术可用于模拟实验场景、历史文化重现等，让学生有身临其境的学习体验。比如在历史课程中，通过AR技术在实地考察时呈现历史场景的复原图像，增强学生对历史事件的理解。

2.跨学科课程融合

（1）建立跨学科课程体系

打破学科界限，建立跨学科课程体系。高校可以围绕一些重大社会问题或新兴领域设置跨学科课程群。

（2）加强跨学科教学团队建设

组建跨学科教学团队，保障跨学科课程的有效实施。团队成员来自不同学科专业，具备不同的知识背景和教学经验。在教学过程中，教师们相互协作、优势互补。

（三）注重实践与社会需求对接方向

1.强化实践课程比重

（1）实践教学体系改革

构建完善的实践教学体系，增加实践课程在课程体系中的比重。实践课程应涵盖课程实验、课程设计、实习、毕业设计等多个环节，并形成一个有机的整体。例如，在文科专业，增加案例分析、模拟演练、社会调研等实践内容。同时，加强实践课程之间的衔接，确保实践教学的连贯性和系统性。

（2）实践基地建设与拓展

加强校内外实践基地建设，为学生提供更多的实践机会。高校可以与企业、科研机构、政府部门等建立广泛的合作关系，共建实践基地。在校内，建设具有行业先进水平的实验室、模拟训练中心等；在校外，安排学生到对口企业进行实习，参与实际项目。

2. 课程与社会需求的动态适应

（1）建立社会需求调研机制

建立常态化的社会需求调研机制，定期了解行业发展趋势和人才需求变化。高校可以通过与企业开展人才需求研讨会、对校友进行职业发展跟踪调查、分析招聘信息等方式，获取社会需求信息。根据调研结果，及时调整课程设置和教学内容。

（2）行业专家参与课程建设

邀请行业专家参与课程建设，将社会需求直接反馈到课程中。行业专家可以参与课程目标制定、课程内容审核、实践教学指导等环节。例如，在酒店管理专业课程建设中，邀请酒店行业的资深经理参与制定课程目标，根据酒店实际运营中的岗位需求确定课程内容，增加酒店数字化运营管理、客户关系维护等内容，确保课程培养出的学生符合社会和行业的需求。

四、课程管理制度改革具体实施

（一）明确改革目标

1. 与社会需求对接

（1）建立社会需求调研机制

定期调研：开展定期的行业调研，了解各行业对人才的需求变化，包括岗位技能、知识背景和职业素养等，确保课程设置紧跟行业发展。

专家咨询：邀请行业专家、企业代表参与课程改革的讨论，提供专业见解和建议，帮助教育机构了解行业动态和未来趋势。

（2）课程设置与行业发展对接

动态调整课程内容：根据调研结果，及时调整课程内容，增设与行业需求相关的课程模块，例如新兴技术、市场趋势等，确保学生所学知识符合市场需求。

职业导向课程：以职业发展为导向的课程，旨在帮助学生了解不同职业路径的技能要求和发展前景，提升他们的职业意识和就业能力。

（3）促进校企合作

建立长期合作关系：与企业建立稳定的合作关系，共同开展课程开发、人才培养和实习培训等，确保教育内容与行业需求保持一致。

联合研发课程：通过校企合作，共同研发符合行业标准的课程，确保学生所学知识和技能能够满足企业实际需求。

（4）关注新兴领域与技术

前瞻性课程开发：关注新兴行业和技术的发展趋势，如人工智能、大数据、绿色技术等，及时调整课程内容，培养学生适应未来市场的能力。

跨学科整合：鼓励跨学科课程的设计与开发，培养学生的综合素质和创新能力，使其能够在多变的市场环境中灵活应对。

2. 提升学生终身学习能力

（1）培养自主学习意识

设定个人学习目标：帮助学生制定短期和长期的学习目标，鼓励他们对自己的学习负责；教导学生如何评估和调整自己的学习目标，以适应新的挑战和兴趣。

鼓励反思与自我评估：引导学生定期反思自己的学习过程和结果，识别成功经验和待改进的地方；协助提供自评工具，帮助学生评估自己的学习进展和能力。

（2）发展批判性思维与解决问题的能力

问题导向学习：通过实际问题引导学生进行探究，鼓励学生提出问题、进行讨论，培养他们的批判性思维以及分析问题、解决问题的能力。

案例分析与讨论：利用真实案例进行分析，让学生在情境中应用知识，提升他们的思考深度。组织小组讨论，促进学生之间的观点交流和思维碰撞。

（3）增强学习技能和策略

学习方法培训：教授多种学习策略，如时间管理、笔记技巧、信息检索等，帮助学生找到适合自己的学习方式。重视提供学习工具和资源，帮助学生有效组织和利用学习材料。

元认知能力培养：引导学生了解自己的学习过程，帮助他们掌握何时、如何以及为何使用特定的学习策略。鼓励学生在学习中进行自我调节，及时调整学习方法和节奏。

（4）培养终身学习的兴趣与动力

激发好奇心和探索精神：鼓励学生主动探索新领域和新知识，培养他们的学习兴趣。同时，通过课外活动、讲座和实践项目等形式，引导学生接触不同的学科和技能。

建立积极的学习文化：在课堂和学校中营造鼓励学习、包容失败和持续进步的氛围。通过榜样和成功故事激励学生，展示终身学习的价值和意义。

（二）完善课程体系

1. 课程设置的多样性

（1）跨学科课程的引入

基础课程与专业课程的平衡：调整基础课程和专业课程的比例和衔接关系。确保基础课程能够为专业课程提供坚实的知识和技能基础，同时避免基础课程过于宽泛或与专业课程脱节。

设置跨学科课程模块：为了适应学科融合的趋势，设置跨学科课程模块。这些模块可以是跨学科的专业必修课，也可以是供学生自由选择的选修课。

促进创新思维：跨学科的学习能够激发学生的创造力和创新能力，鼓励他们在不同领域的交叉点上提出新颖的想法和解决方案。

真实世界的应用：跨学科课程往往关注现实生活中的综合问题，如可持续发展、公共卫生等，帮助学生理解知识的实际应用，提高他们的社会责任感。

（2）选修课程的设置

个性化学习：允许学生根据个人兴趣和职业规划选择选修课程，可以提高他们的学习动力和参与感。学生在选择课程时，能够更加关注自己的兴趣和未来的职业方向，从而实现个性化教育。

职业导向：通过开设与行业相关的选修课程，如商业、科技、艺术等，学生能够提前接触到职业生涯所需的技能和知识，为未来的就业做好准备。

灵活的学习路径：选修课程的设置让学生在学习过程中拥有更多选择的权利，能够根据自身的发展需求和兴趣调整学习计划，从而实现更灵活的学习方式。

（3）增强课程的灵活性与适应性

模块化课程设计：将课程设计为模块化的结构，使学生能够根据自己的学习进度和兴趣灵活选择相应的模块，增强学习的适应性。

跨校资源共享：鼓励不同学校、院校之间的课程交流与合作，学生可以选修其他学校的跨学科课程或选修课程，拓宽学习资源和机会。

2. 融合实践与理论

（1）理论与实践相结合

扎实理论基础：在课程中，首先提供扎实的理论知识，帮助学生理解相关领域的基本概念和原则，为后续的实践活动打下坚实的基础。

强化实践应用：在理论学习之后，设置相应的实践环节，让学生将所学知识应用于实际问题中。这种结合能够帮助学生更深入地理解理论的实际意义，提高学习的趣味性和有效性。

（2）增加实践性课程

实验室课程：在科学和工程领域，增加实验室课程，使学生在真实的实验环境中进行操作，培养他们的实验技能和数据分析能力。

项目驱动课程：通过项目式学习，学生可以参与真实的项目中，从项目的策划、实施到评估，全面锻炼他们的综合能力。这不仅增强了他们的团队合作能力，还提高了项目管理和解决问题的能力。

项目合作：鼓励学生参与企业项目，通过项目合作的方式解决实际问题，培养学生的团队合作能力和项目管理能力。

（3）实习环节的设置

校外实习：与企业、机构合作，为学生提供实习机会，让他们在真实的工作环境中应用所学知识。实习不仅能帮助学生积累实践经验，还能让他们了解行业动态，建立职业网络。

实习反馈机制：在实习结束后，组织学生进行实习总结与分享，让他们反思实习经历，讨论所学知识如何在实际工作中得到应用。这种反馈机制有助于学生巩固学习成果，调整未来的学习方向。

（三）创新教学方法

1. 以学生为中心的教学形式

（1）关键特点

主动学习：学生在学习过程中扮演积极角色，通过讨论、合作和实践活动参与知识的构建中。

个性化学习：根据学生的兴趣、需求和学习风格，调整教学内容和方式，以满足每个学生的独特需求。

合作学习：促进学生之间的互动与合作，通过小组活动和项目，增强学习的深度和广度。

批判性思维：鼓励学生提出问题、进行分析和评估，培养他们的批判性思维能力。

反馈与反思：重视学生对学习过程的反馈，鼓励他们反思自己的学习经历，帮助他们更好地理解和掌握知识。

（2）实施策略

项目式学习：通过真实的项目驱动学生学习，使学生在解决实际问题的过程中掌握知识和技能，培养批判性思维和团队合作能力。

翻转课堂：学生在课前通过观看视频、阅读材料等自主学习，课堂时间则用于讨论、实践和互动，促进深度理解和应用能力的提升。

探究式学习：鼓励学生提出问题，通过实验、调查和研究等方式自主探究，培养自主学习能力和创新思维。

跨学科教学：打破学科界限，设计跨学科的课程，帮助学生理解知识的关联性，提升综合素质和解决复杂问题的能力。

构建学习共同体：创建一个支持和信任的学习环境，让学生在这个环境中自由表达、交流和合作。

2.信息技术的应用

（1）在线教育平台的利用

学习管理系统（LMS）：使用学习管理系统（如 Moodle、Google Classroom 等）来集中管理课程内容、作业、讨论和反馈，方便学生随时随地访问学习资源。

视频授课和录播课程：教师可以通过录制课程视频，将知识点以多样化的形式呈现，学生可以根据自己的节奏进行学习。

在线讨论与协作工具：使用论坛、社交媒体和协作工具（如 Slack、Microsoft Teams 等），促进学生之间的讨论与合作，增强学习社区的建设。

（2）数字化工具的应用

多媒体资源：利用视频、动画、图表等多媒体资源来丰富教学内容，增强学生的学习兴趣和理解能力。应用虚拟现实（VR）和增强现实（AR）技术，提供沉浸式学习体验，帮助学生更好地理解复杂概念。

自适应学习技术：利用自适应学习平台，根据学生的学习进度和表现，智能调整学习内容和难度，实现个性化学习。通过数据分析，识别学生的学习瓶颈，提供针对性的辅导和资源。

在线测评与反馈工具：使用在线测评工具（如 Kahoot、Quizizz 等）进行即时测评，增强学习的互动性和趣味性。通过即时反馈机制，帮助学生及时识别自己的学习进展和需要改进的地方。

（四）建立多元化评价体系

1.评价机制的建立

（1）明确评价目标

提升教学质量：通过评价促进课程内容、教学方法和学习效果的不断改进。

促进学生学习：提供有效的反馈，帮助学生明确学习目标，改善学习方法。

反馈与改进：为教师提供关于课程设计和教学方法的反馈，帮助其调整和改进课程。

（2）多角度评价内容

课程内容评价：评价课程的科学性、系统性和前沿性，确保课程内容符合学科发展和社会需求。

教学过程评价：关注课堂教学的组织与实施，包括教师的教学方法、课堂互动、学习氛围等。

学习效果评价：通过测验、作业、项目等方式评价学生对课程内容的掌握情况和应用能力。

课程资源评价：评价课程使用的教材、参考资料、在线资源等的适宜性和有效性。

（3）评价主体多元化

学生评价：通过问卷调查、评教系统等，收集学生对课程和教师的反馈，了解学生的学习感受和需求。

同行评价：鼓励教师之间互相听课、观摩，进行同行评议，分享教学经验和改进建议。

自我评价：教师对自己的教学进行反思和总结，识别教学中的优缺点，制定改进计划。

外部评价：邀请行业专家或学术委员会对课程进行评估，提供专业的改进建议。

（4）灵活制定评价标准

量化指标：制定明确的量化评价指标，如课程参与率、学习成绩、学生满意度等，便于比较和评估。

定性指标：结合定性评价，如课堂互动质量、学生参与度和批判性思维的发展等，提供全面的评价视角。

分级评价：不同课程和不同学科可设置不同的评价标准，确保评价的科学性和合理性。

2.反馈机制的建立

（1）强化反馈机制

建立反馈的收集和分析流程：在课程中期和结束时定期收集反馈信息，确保信息的及时性和有效性，并对收集到的反馈进行分类和分析，识别出主要问题和趋势，形成反馈报告。而对反馈结果要进行结果公布和分析，增加信息透明度。

制定反馈处理与改进措施：得到有效反馈后，相关部门、教师需要对反馈结果进行自我反思，制定具体改进计划，对课程内容、教学方式或评价标准等内容作出调整，确保反馈的结果和改进措施能够形成闭环，并及时向学生反馈改进情况，增强他们的参与感。

评估反馈机制的有效性：定期评估反馈机制的有效性，收集教师和学生对反馈过程的意见，进行必要的调整。通过量化的方式评估课程改进的效果，如学生成绩、满意度调查等，分析反馈机制的影响。

（2）保障实施条件

教师培训：对教师进行培训，提高其对反馈机制的认识和参与度。

技术支持：利用信息技术建立在线反馈平台，方便数据的收集与分析。

文化建设：营造重视反馈的校园文化，鼓励教师和学生积极参与。

（3）实施动态调整

建立应对外部环境变化的灵活机制，及时调整课程设置和教学策略，以适应快速变化的社会需求。

（五）鼓励跨院系合作

1.跨学科课程开发

（1）跨学科课程目标

综合素质培养：通过结合不同学科的视角，培养学生的批判性思维、创造力和解决问题的能力。

创新能力提升：鼓励学生在不同领域之间进行知识融合，激发创新思维和实践能力。

实际应用导向：通过项目和案例研究，使学生能够将所学知识应用于实际情境，增强学习的相关性和实用性。

（2）促进院系合作

建立跨学科团队：鼓励来自不同院系的教师组建团队，共同设计和开发课程，分享各自的专业知识和教学经验。

定期开展研讨会和交流活动：组织跨学科的研讨会和交流活动，促进教师之间的相互理解和合作，探索共同的教学目标和方法。

联合开发项目：鼓励不同学科的教师联合开发课程或项目，利用共享资源来增强课程的深度和广度。

2.建立资源共享机制

（1）共享机制目标

优化资源配置：通过共享，减少重复投资，实现资源的最佳配置。

提高课程利用效率：确保各类教学资源得到充分使用，提升课程的整体效益。

促进合作与创新：鼓励不同院系、教师和学生之间的合作，激发新的教学思路和方法。

（2）共享平台建设

在线资源库：建立一个集中管理的在线资源库，教师和学生可以方便地上传、下载和分享课程材料、教学视频、案例研究等。

分类与贴标签：对资源进行分类和贴标签，以便用户快速查找和获取所需材料。例如，可以按学科、主题、难度等进行分类。

访问权限管理：设置合理的访问权限，确保在资源共享的同时保护知识产权及敏感信息。

（六）加强政策支持与保障

1.政策引导与支持

（1）争取政府支持

政策对接：高校应与政府和教育主管部门保持密切联系，及时了解国家和地方教育政策的动态，确保课程改革与政策导向一致。

参与政策制定：积极参与教育政策的制定与讨论，提出符合学校实际情况的建议，争取在政策中体现高校的需求和利益。

制定课程改革方案：根据国家和地方的教育发展战略，制定切实可行的课程改革方案，向政府部门申请支持。

（2）建立合作机制

高校与政府的合作：建立高校与政府之间的定期沟通机制，分享课程改革的进展与成果，争取政策的持续支持。

校企合作：鼓励高校与企业、行业协会合作，将行业需求纳入课程改革中，提升课程的实用性和针对性，同时争取行业的支持和资源。

（3）提升课程改革可见性

组织研讨会和论坛：定期举办课程改革相关的研讨会和论坛，邀请政府官员、教育专家和行业代表参与，展示改革成果，争取更广泛的支持。

宣传与推广：通过多种渠道宣传课程改革的意义与成效，提高社会各界对课程改革的关注度，争取公众支持。

2.资源投入与保障

（1）优化资源配置

人力资源：通过引进优秀教师、培训现有教师、聘请行业专家等方式，增强教师队伍的专业能力，提升课程质量。

物理资源：改善教学设施，提供先进的教学设备和实验室，创造更好的学习环境，支持新课程的开展。

技术支持：建设和完善在线学习平台，为学生提供灵活的学习方式，方便资源的共享与交流。开发和引入数字化教材、开放课程资源和在线课程，以丰富教学内容和形式，提高教学效果。

（2）投入保障

专项资金：政府和高校应设立专项资金，支持课程改革项目，包括教材开发、教室改造、在线学习平台建设等。

科研经费：鼓励教师申请科研项目资金，用于课程改革相关的研究与实践，推动教学内容和方法的创新。

学术支持：为学生提供学习辅导、学术咨询和心理支持，帮助他们适应新的课程体系和学习方法。

第六章 高校教学质量评价与督导

新时代背景下，高等教育的规模不断扩大，教育理念和教学模式也在持续更新。高校教学质量评价与督导作为保障教学质量的关键环节，对于促进高校教学管理创新与发展具有重要意义。科学合理的教学质量评价与督导体系能够客观地反映教学现状，发现问题并及时改进，激励教师提高教学水平，最终提升高校的整体教育质量。

一、高校教学质量评价的重要性

（一）促进教学改进

1. 发现教学问题

教学质量评价为教师提供了多维度的教学反馈，帮助他们发现教学过程中可能存在的问题。例如，通过学生评价，教师可以了解学生对教学内容难度的感受。如果大部分学生认为某一章节内容过于复杂，教师就能够意识到可能是教学进度过快或者讲解方式不够通俗易懂，从而有针对性地调整教学策略。

2. 优化教学方法

评价结果也有助于教师优化教学方法。以课堂互动为例，如果评价显示课堂互动环节效果不佳，教师可以分析是提问方式不够巧妙，还是引导学生参与讨论的技巧不足。然后，教师可以尝试采用小组讨论、角色扮演等更有效的互动方法，提高学生的参与度和学习积极性。

3. 更新教学内容

教学质量评价还能促使教师更新教学内容。随着学科的发展和社会需求的变化，教学内容需要与时俱进。通过评价，教师可以了解到学生对新知识、新案例的需求。比如，在计算机专业课程中，如果行业内出现了新的编程语言或技术框架，而学生在评价中表达了对这些内容的学习渴望，

教师就可以将相关内容及时纳入教学大纲。

（二）保障学生权益

1. 监督教学质量

教学质量评价是对教学活动的一种监督机制，能够确保学生接受到高质量的教育。学校和教育管理部门可以通过定期的评价，了解教师的教学水平和课程的质量。例如，对课程的教学目标达成情况进行评估，如果发现某门课程学生的知识掌握程度远低于预期，就可以采取措施督促教师改进教学或者调整课程设置。

2. 满足学习需求

评价过程中会收集学生的意见和建议，这有助于满足学生的学习需求。每个学生都有自己独特的学习风格和期望，教学质量评价为学生提供了表达这些需求的机会。比如，学生可能希望在课程中增加更多的实践环节或者案例分析，学校和教师根据这些反馈，可以对教学内容和方式进行调整，使教学更加贴合学生的实际需求。

3. 促进公平教育

教学质量评价还能保障教育公平。通过评价，可以检查教师在教学过程中是否公平对待每一位学生，包括教学资源的分配、课堂提问机会、评价标准等方面。如果发现存在不公平的现象，学校可以及时纠正，确保每个学生都能在公平的环境中学习，享受平等的受教育权利。

（三）推动学校发展

1. 吸引优质生源

高质量的教学是学校吸引学生的重要因素，教学质量评价结果能够向外界展示学校的教学水平。当学校在教学质量评价中表现优异时，能够吸引更多优秀的学生报考。例如，在高校招生宣传中，良好的教学质量评价数据可以作为学校的优势亮点，使学校在众多竞争对手中脱颖而出，吸引成绩优异、综合素质高的学生。

2. 吸引优秀人才

对于教师队伍建设来说，良好的教学质量评价也有助于吸引优秀的人才。优秀的教师往往更愿意加入教学质量高、评价体系完善的学校。他们认为在这样的环境中能够更好地发挥自己的才能，实现自身的职业价值。同时，教学质量评价结果也可以作为学校引进人才的参考依据，帮助学校筛选出真正能够提升教学质量的教师。

3. 争取资源支持

教学质量评价还能为学校争取更多的资源支持。政府部门、社会组织等在分配教育资源时，会参考学校的教学质量情况。学校在教学质量评价中取得好成绩，更容易获得资金投入、科研项目、政策优惠等资源。这些资源可以进一步改善学校的教学条件，如更新教学设备、建设实验室等，为教学质量的持续提升提供物质保障。

二、高校教学质量评价的内容与方法

（一）教学质量评价内容

1.教师教学能力评价

教学准备：包括教学大纲的编写、教案的设计、教学资料的收集等。教师应根据课程目标和学生特点，精心准备教学内容，确保其科学性、系统性和趣味性。例如，一份优秀的教案应详细列出教学步骤、教学方法以及预期的学生反应。

教学过程实施：考查教师在课堂教学中的表现，如教学方法的运用（是否灵活多样，如是否采用了讨论式、探究式等教学方法）、教学语言（是否清晰、生动）、课堂管理能力（能否维持良好的课堂秩序，调动学生积极性）、与学生的互动情况（提问的质量和频率，对学生回答的反馈）等。

教学效果评估：主要通过学生的学习成绩、能力提升等情况来衡量。可以分析学生的考试成绩分布、成绩的提高幅度，以及学生在实践能力、创新能力、思维能力等方面的变化。同时，也可以通过学生对知识的理解和应用情况来评价教学效果。

2.课程建设评价

课程目标与定位：课程目标应明确、符合专业人才培养方案和社会需求。评价课程是否定位准确，例如，对于应用型专业的课程，应注重培养学生的实践应用能力；对于研究型专业的课程，要强调对学科理论的深入探究。

课程内容：考查课程内容的合理性、前沿性和完整性。课程内容应涵盖学科的核心知识，同时要及时更新，反映学科最新发展动态。此外，还要注意课程内容在不同知识点之间的衔接和逻辑关系。

课程资源：包括教材、参考资料、网络资源、实验设备等。优质的课程应配备合适的教材和丰富的参考资料，同时利用网络平台提供在线学习资源，对于实践课程要有充足且先进的实验设备，以满足教学需求。

3.教学管理评价

教学计划与安排：评价学校和学院的教学计划是否科学合理，如课程设置的先后顺序是否符合学生的认知规律，课程学时分配是否得当。教学安排要考虑到教师的教学能力和学生的学习负担，避免出现课程过于集中或不合理的情况。

教学规章制度执行情况：检查学校和学院制定的教学规章制度，如教师考勤制度、调课制度、考试制度等是否得到有效执行。严格的教学规章制度是保障教学秩序的基础，对于违反制度的行为要及时处理。

（二）教学质量评价方法

1. 学生评价

学生评价是教学质量评价的重要组成部分。可以通过问卷调查、学生评教系统等方式进行。问卷设计应涵盖教学质量评价的各个方面，如教师的教学态度、教学内容、教学方法、教学效果等。同时，为了保证评价的客观性，应鼓励学生如实评价，可以采取匿名评价的方式，并对评价结果进行科学的统计和分析。

2. 同行评价

同行教师评价能够从专业角度对教学质量进行评估。同行评价可以通过听课、查看教学资料、参与教学研讨等方式进行。同行教师在教学内容的深度和广度、教学方法的选择、教学难点的处理等方面具有专业的判断力，他们的评价有助于发现教师在教学中的专业性问题，并提供改进建议。

3. 自我评价

教师自我评价也是教学质量评价的重要环节。教师可以根据自己的教学目标、教学过程和教学效果进行反思和评价。自我评价可以促使教师主动发现自己教学中的问题，分析原因并寻求改进方法。教师可以通过撰写教学反思日记、自我评估报告等形式进行自我评价。

4. 督导评价

教学督导由学校组织专门的督导员对教学进行检查和评价。督导员通常是具有丰富教学经验和较高学术水平的退休教师或在职资深教师。他们通过随机听课、检查教学资料、与教师和学生交流等方式，对教学质量进行全面、深入的评价。督导评价具有权威性和专业性，能够为教学质量的提升提供重要指导。

三、高校教学督导的作用与实施

（一）教学督导的作用

1. 监督检查

（1）保障教学秩序正常运行

教学计划执行监督：教学督导能够确保教师严格按照教学计划和课程安排开展教学活动。督导员通过随机听课和查看教学进度表，能够及时发现教师随意调课、拖堂或未完成教学大纲要求等问题，保证教学进度的有序推进。

教学规范遵守监督：监督教师在教学过程中遵守教学基本规范。这包括检查教师的教案是否完整规范、教学课件是否质量合格、课堂教学是否符合基本的教学礼仪等。

教学资源合理使用监督：教学督导可以监督教学资源的合理使用情况。如检查实验课程中实验设备的使用是否正确、是否充分利用网络课程等资源辅助教学。对于实践教学环节，督导员会关注实习基地的利用是否有效，实习指导教师是否履行职责，确保教学资源得到合理配置和有效利用。

（2）确保教学质量基本标准

教学质量过程监督：在教学过程中，督导员通过听课和观察教学活动，能够对教学质量进行实时监督。他们会关注教师的教学方法是否得当，如教师与学生的互动是否积极有效，提问是否具有启发性、对学生的回答是否给予恰当的反馈等。同时，督导员也会观察学生的课堂反应，如学生的注意力是否集中、参与度是否高，以此来判断教学质量是否达到基本标准。

课程质量监督：对课程质量进行整体监督，包括课程内容的科学性、前沿性和适用性。督导员会检查课程内容是否准确无误，是否结合了学科最新发展动态，是否能够满足学生的学习需求和专业培养目标。

2. 指导改进

（1）教学方法与技巧指导

个性化教学指导：教学督导可以根据教师的教学风格和具体情况，提供个性化的教学方法指导。对于新入职教师，督导员可以分享实用的教学技巧：如何进行有效的课堂导入、如何控制课堂节奏等。对于有一定教学经验的教师，督导员可以帮助他们进一步优化教学方法，引导他们尝试新的教学模式，以提高教学效果。

教学问题针对性解决：当发现教师在教学过程中存在问题时，督导能够提供针对性的解决方案。例如，如果教师在讲解复杂的概念时学生理解困难，督导员可以建议教师采用案例教学法或类比法，将抽象的概念与实际生活案例相结合，使学生更容易理解。

（2）课程建设与内容优化指导

课程体系调整建议：教学督导可以从宏观角度为课程建设提供建议，帮助院系、专业负责人等调整课程体系。例如，根据专业人才培养目标和社会需求的变化，督导员可以建议合理调整课程的先后顺序，增加或删减某些课程内容模块。在学科交叉融合的趋势下，督导员还可以指导教师将相关学科的知识有机融入课程，拓宽课程的知识面，完善课程体系。

课程内容更新指导：在课程内容方面，督导员可以帮助教师及时更新教学内容。他们凭借自己的专业知识和对学科前沿的了解，为教师推荐最新的学术研究成果、行业动态等信息，指导教师将这些内容融入课程教学。

3. 反馈沟通

（1）搭建教学双方沟通桥梁

信息传递与共享：教学督导在教师和学生之间起到信息传递的作用。一方面，可以将学生对教学的意见和建议反馈给教师，让教师了解学生的需求和期望。例如，学生可能对教学内容的难度、教学进度或教学方法有一些看法，督导员通过收集这些信息并传达给教师，使教师能够根据学生的反馈及时调整教学。另一方面，将教师的教学意图和要求传达给学生，帮助学生更好地理解教学安排。例如，教师在教学方法改革方面的目的和期望，通过督导员的沟通，学生能够更加理解教师的良苦用心，积极配合教学改革。

促进教学相长：通过反馈沟通，能够促进教学相长。教师根据学生的反馈改进教学，提高教学质量，同时学生在教师的调整和优化教学过程中受益。这种良性循环有助于营造良好的教学氛围，增强师生之间的相互理解和信任。

（2）向教学管理部门反馈信息

提供决策依据：教学督导可以将教学过程中的实际情况和存在的问题及时反馈给教学管理部门。这些信息包括教师教学质量的整体情况、课程建设中的困难和需求、学生对教学的普遍反馈等。教学管理部门可以根据这些反馈信息，制定或调整教学政策、教学计划和资源分配方案。

推动教学管理改革：通过反馈沟通，教学督导能够推动教学管理改革。他们可以发现教学管理制度中的漏洞和不合理之处，如教学评价机制不科学、教师培训体系不完善等问题，并提出改进建议。教学管理部门根据这些建议进行改革，能够提高教学管理的科学性和有效性，更好地服务于教学质量的提升。

（二）教学督导的实施

1. 建立督导队伍

（1）选拔成员

多元化的来源：督导队伍成员应来自不同的学科背景和专业领域，以保证能够对全校各个学科的教学工作进行有效督导。成员可以包括退休教师、在职资深教师等。退休教师通常具有丰富的教学经验和时间精力，他们可以将自己长期积累的教学智慧运用到督导工作中。在职资深教师则对当前的教育形势和学科发展有更深入地了解，能够从专业角度提供精准的评价和指导。

严格的选拔标准：选拔过程要注重成员的专业素养、教学能力和责任心。专业素养方面，要求成员在自己的学科领域有深厚的造诣，熟悉学科的教学大纲、课程体系和教学方法。教学能力上，他们应该有优秀的教学成绩和丰富的教学经验，能够准确判断教学质量的优劣。责任心是督导工作的关键，成员需要认真对待每一次督导任务，公正客观地评价教学工作。

（2）队伍结构优化

学科结构平衡：根据学校的学科设置，合理安排督导队伍的学科结构。确保各个学科都有相应的督导成员，避免出现某些学科督导力量薄弱的情况。对于重点学科和新兴学科，可以适当增加督导人数或安排具有相关学科专长的成员，以保障这些学科的教学质量得到充分监督和指导。

年龄结构合理：督导队伍应形成老中青相结合的年龄结构。老教师的经验丰富，可以在教学传统和教学规范方面发挥重要作用；中年教师处于教学和科研的黄金时期，他们对现代教育理念和教学方法有较好的理解和实践，可以在督导中传递创新的教学思路；青年教师则更熟悉现代教育技术和学生的特点，能够从新的视角为督导工作带来活力。通过合理的年龄结构，促进督导队伍成员之间的优势互补。

2.明确督导职责和工作流程

（1）明确督导职责

教学质量监督：督导员要对教师的教学全过程进行监督，包括课堂教学、实验教学、实习指导等环节。检查教师是否按照教学大纲和教学计划开展教学，教学内容是否准确、完整，教学方法是否得当，教学效果是否良好。

教学资源检查：负责检查教学资源的配备和使用情况。包括教材的选用是否合适，是否有配套的参考资料，多媒体教学资源是否丰富且有效利用，实验室设备是否完好、满足教学需求等。同时，还要关注网络教学平台等新型教学资源的建设和使用情况，如检查教师是否及时上传教学资料、是否利用平台开展在线教学活动等。

教师发展指导：为教师的专业发展提供指导和建议。根据教师的教学表现，帮助教师分析教学中的优点和不足，提出改进的方向和方法。对于新入职教师，要给予更多的引导和支持，帮助他们尽快适应教学工作；对于有经验的教师，鼓励他们尝试新的教学模式和方法，促进教学水平的提升。

学生学习情况反馈：收集学生对教学的意见和建议，了解学生的学习困难和需求，并及时反馈给教师和教学管理部门。通过与学生的交流、问卷调查等方式，掌握学生对教学内容、教学进度、教学方法等方面的反馈，为教学改进提供依据。

（2）规范工作流程

准备阶段：在开展督导工作之前，督导员需要熟悉被督导课程的相关信息，如课程大纲、教学计划、教师的基本情况等。可以提前与教师沟通，了解教师的教学思路和教学设计。同时，准备好督导所需的工具，如听课记录手册、评价量表等。

实施阶段：在听课或检查教学环节时，督导员要认真观察和记录。对于课堂教学，要记录教师的教学内容、教学方法、师生互动情况、学生的课堂反应等；对于教学资源检查，要详细记录资源的种类、数量、质量以及使用情况。在与教师和学生交流过程中，要注意倾听他们的意见和想法，并做好记录。

反馈阶段：督导结束后，要及时向教师反馈督导意见。反馈应客观、具体、有针对性，既要肯定教师的优点，也要指出存在的问题和不足，并提出改进建议。同时，将督导结果整理成报告，提交给教学管理部门，报告内容包括教学质量的总体评价、存在的问题、改进建议等。

3. 加强督导结果的运用

（1）用于教师考核与评价

教学质量评估依据：将督导结果作为教师教学质量评估的重要依据之一。在教师的年度考核、职称评定、教学优秀奖评选等过程中，充分考虑督导员对教师教学的评价。例如，在职称评定中，如果督导结果显示该教师教学质量存在严重问题，且改进不明显，那么该教师在职称晋升方面可能会受到影响，从而促使该教师重视教学质量，积极改进教学。

教师发展参考：根据督导结果为教师制定个性化的发展计划。对于教学水平较高的教师，可以为他们提供更多的发展机会，如推荐参加教学研讨会、担任教学导师等；对于教学存在不足的教师，要求他们根据督导建议进行整改，并定期检查整改情况，帮助教师提升教学能力。

4. 提升学生学习体验

改进教学内容与方法：教师根据督导结果改进教学内容和方法，最终受益的是学生。例如，如果督导指出某门课程教学内容理论性过强，缺乏案例分析，教师调整教学内容后，学生能够更好地理解和应用知识。

解决学习困难问题：督导反馈的学生学习困难和需求信息，能够促使教学管理部门和教师采取措施加以解决。如学生在某一学科知识板块普遍存在理解困难，教师可以重新设计教学内容或调整教学进度，帮助学生克服学习困难。

四、高校教学质量评价与督导应遵循的原则

（一）客观性原则

1. 评价与督导标准客观

教学质量评价与督导需要有一套明确、具体且客观的标准。这些标准应基于教育教学规律、人才培养目标和专业要求等来制定。例如，在评价教师教学方法时，不能使用模糊的标准，如"教学方法良好"，而应该有具体的细则，像"是否采用多种教学方法（至少三种）且能根据教学内容和学生反应灵活切换"。督导标准也同样如此，对于教学秩序的检查，要有清晰的界限，如教师迟到几分钟算违规等。

2. 评价与督导过程公正

在收集评价数据和进行督导检查时，要确保过程公正，避免人为偏见。评价主体（如学生、同行、督导员）应该在公平的环境下进行评价。例如，学生评价教师应采用匿名方式，

防止学生因担心报复而不敢真实评价；同行评价要基于客观事实，避免个人恩怨或利益关系的干扰。督导员在检查过程中，也应秉持公正态度，对所有教师一视同仁。

3. 评价与督导数据真实

数据来源必须真实可靠，这是保证客观性的基础。无论是学生的成绩数据、教学过程记录，还是督导的听课记录等，都要确保其真实性。例如，不能允许教师篡改学生成绩来美化教学效果，督导员也不能随意编造听课意见。

（二）科学性原则

1. 指标体系科学合理

构建教学质量评价和督导的指标体系要科学。指标应涵盖教学的各个关键要素，包括教学目标、教学内容、教学方法、教学效果等多个维度。并且，各指标之间应相互关联、相互支撑，能够全面反映教学质量。例如，教学目标的指标要与教学内容和教学效果的指标相呼应，确保教师的教学内容和最终效果是围绕教学目标展开的。同时，指标的权重分配也要科学，根据不同学科、课程的特点和重要性来确定。

2. 方法手段科学有效

采用科学的评价和督导方法。定量评价与定性评价相结合，例如，对于学生的考试成绩等可以进行定量分析，而对于教学风格、师生互动氛围等则需要通过定性描述来评价。利用现代教育技术手段，如学习管理系统收集学生学习数据，利用大数据分析工具挖掘数据背后的教学质量信息。督导方法也要与时俱进，如采用线上线下相结合的督导模式，提高督导效率。

3. 结果分析科学严谨

对评价和督导结果进行科学的分析。不能简单地罗列数据或现象，而要深入挖掘背后的原因。例如，在分析学生成绩数据时，不仅要看平均分、及格率等指标，还要分析成绩分布的合理性、不同班级之间的差异及其产生的原因。对于督导意见，要综合考虑多方面因素，如教师的教学风格、课程的难度、学生的基础等，从而得出严谨的结论。

（三）全面性原则

1. 评价与督导内容全面

教学质量评价和督导要涵盖教学活动的全过程和全要素。从教学准备阶段的教案编写、教学资源收集，到教学实施过程中的课堂教学、实践教学，再到教学后的作业批改、辅导答疑等环节都要纳入评价和督导范围。同时，不仅要关注教师的教学行为，还要考虑学生的学习行为和学习效果。

2. 评价与督导主体多元

鼓励多元主体参与评价和督导。学生作为教学的直接受众，他们的评价能反映教学是否满足学习需求；同行教师可以从专业角度对教学内容和方法进行评价；督导员从教学规范、整体质量把控等方面发挥作用；还可以引入校外专家、用人单位等，从社会需求和行业标准的角度提供意见。

（四）发展性原则

1.以发展为导向

教学质量评价和督导的目的不是惩罚教师或给教学工作贴标签，而是以促进教学质量的持续发展为导向。评价结果应该为教师提供有价值的反馈，帮助他们发现问题、改进教学。例如，对于教学中存在不足的教师，评价和督导应提供具体的改进建议，如推荐培训课程、教学资源或教学方法改进案例等，鼓励教师不断成长。

2.关注动态变化

教学是一个动态的过程，会随着教育理念、教学技术、学生特点等因素的变化而变化。评价和督导要关注这些动态变化，及时调整指标、方法和重点。同时，随着学生主体意识的增强，评价和督导也要更加注重学生在教学过程中的体验和自主学习能力的培养。

（五）可行性原则

1.评价与督导方案可行

制定的评价和督导方案要在实际操作中具有可行性。方案不能过于复杂，要考虑学校的人力、物力、财力等资源条件和教师、学生的接受程度。例如，评价指标的设计要简单明了，易于理解和操作，不能设计过多难以衡量的指标；督导的工作流程要清晰，不能给督导员和教师带来过重的负担。

2.结果应用可行

评价和督导结果的应用要具有可操作性。例如，对于教师教学质量的奖惩措施要合理可行，不能制定过高或过低的标准；根据督导结果提出的教学改革建议要能够在学校现有的管理体制和资源条件下得以实施，避免提出不切实际的要求。

五、高校教学质量评价与督导的创新发展

（一）创新评价指标体系

1.增加多维能力评价指标
（1）创新能力培养评价

在教学质量评价中，应关注教师在课程中对学生创新能力的培养。例如，考查教师是否

设置了开放性问题、创新性实验或项目，引导学生突破传统思维。可以通过学生在课程作业、项目成果中展现出新观点、新方法的数量和质量来衡量，也可评估教师是否鼓励学生参与课外创新实践活动和竞赛。

（2）实践能力提升评价

对于应用型学科，实践能力评价至关重要。除了传统的实验教学环节考核，还要考查理论课程与实践应用的结合程度。比如，在工科课程中，评价教师是否引入实际工程案例进行理论讲解，以及是否为学生提供足够的模拟实践或企业实习指导，通过学生在实际操作中的熟练度、解决实际问题的能力等方面来评估教学质量。

（3）跨学科素养评价

随着学科交叉融合趋势的加强，评价指标应纳入跨学科素养培养。观察教师是否在教学内容中融入跨学科知识，是否引导学生运用多学科方法解决问题。例如，在设计学课程中引入计算机编程知识，促进艺术与技术的融合，通过学生在跨学科项目中的表现评估教师对跨学科素养培养的效果。

2. 关注教育技术融合效果

（1）在线教学资源利用评价

在信息化时代，评价教师对在线教学资源的利用情况。包括是否选择优质的网络课程、学术数据库、虚拟实验室等资源并推荐给学生，以及是否有效整合这些资源到自己的教学过程中。例如，通过分析学生对在线资源的使用频率、反馈评价，以及资源与课程内容的契合度来衡量。

（2）智慧教学工具运用评价

考查教师在课堂中使用智慧教学工具的能力，如是否利用互动式教学平台开展课堂讨论、投票、抢答等活动，是否利用学习分析工具了解学生的学习进度和困难。可以根据课堂互动的活跃度、学生参与度以及工具对教学效果的提升作用来评价，如通过对比使用前后学生的学习成绩和学习兴趣变化。

3. 引入教育公平性指标

（1）资源分配公平性评价

评估学校和教师在教学资源分配上是否公平。包括实验设备、实践机会、学术指导等资源在不同班级、不同学生群体间的分配情况。例如，检查是否存在因学生性别、家庭背景等因素导致的资源获取差异，可通过学生调查、资源使用记录分析等方式进行评价。

（2）教学过程公平性评价

关注教师在教学过程中对待学生的公平程度，如提问机会、反馈及时性、评价标准等方面。通过课堂观察、学生反馈等途径，查看教师是否对所有学生一视同仁，是否存在偏袒或忽视某些学生的情况，保证每个学生都能在公平的环境中接受教育。

（二）创新评价方法

1. 大数据分析与评价

（1）学习行为数据挖掘

利用学校的学习管理系统、在线课程平台等收集学生的学习行为数据，如登录次数、学习时长、作业完成时间和质量、在线测试成绩等。通过大数据分析技术，挖掘这些数据背后的学习规律和问题。例如，发现学生在某一知识点上频繁出现错误或学习时间过长，可据此推断教学内容或方法可能存在不足，为教师改进教学提供依据。

（2）教师教学数据整合

整合教师的教学相关数据，包括教学计划、教案、课件、课堂录像、学生评价等。运用数据挖掘和分析算法，从多个维度评估教师的教学质量。例如，分析教师课件的内容结构与课程大纲的匹配度、课堂语言的语速和停顿对学生注意力的影响、不同教学方法与学生学习效果的相关性等，全面客观地评价教师的教学。

2. 形成性评价与终结性评价相结合

（1）加强形成性评价应用

改变传统以期末考试为主的评价方式，增加形成性评价的比重。在教学过程中，通过课堂表现评价、小组项目评价、阶段性测试等多种形式，及时反馈学生的学习情况和教师的教学效果。例如，在一门课程中设置多次小组项目，教师在每个项目完成后给予详细的评价和建议，让学生及时调整学习策略，同时教师也能根据学生的表现改进教学内容和方法。

（2）优化终结性评价内容和形式

对于终结性评价，改革考试内容和形式，减少死记硬背类题目，增加考查学生综合运用知识能力、创新能力的题目。可以采用开卷考试、实践操作考核、课程论文等多种形式。例如，在文科课程中，要求学生撰写课程论文，考查其对知识的理解、分析和创新应用能力，而不是单纯的记忆性考核。

3. 多元评价主体协同评价

（1）学生主体评价深化

除了传统的学生评教问卷外，鼓励学生深度参与评价。例如，组织学生开展教学质量评价小组，定期与教师沟通教学问题；或者开展学生教学评价论坛，让学生分享评价经验和建议。同时，引导学生进行自我评价和互评，培养学生的批判性思维和自主学习能力。

（2）同行专家评价拓展

邀请校外同行专家参与评价，拓宽评价视野。校外专家可以带来不同的教育理念和方法视角，更客观地评估学校的教学质量。此外，建立同行教师在线评价平台，方便教师之间随时交流和评价教学情况，促进教学经验的共享和改进。

（3）用人单位与校友评价补充

收集用人单位对毕业生的反馈，了解毕业生在实际工作中知识和技能的应用情况，以此评价学校的教学质量。同时，通过校友调查，了解校友对学校教学的长期印象和建议，为教学改革提供参考。

（三）创新督导工作模式

1. 建立线上线下融合的督导模式

（1）线上督导的实施

利用网络直播、录播等技术，开展线上听课和教学资料检查。督导员可以远程观看教师的课堂直播，实时了解教学情况，同时可以在线检查教师的电子教案、教学课件、作业布置与批改等情况。对于在线课程，还可以通过学习分析工具了解学生的学习数据，如学习进度、参与度等，以便更好地监督和指导教学。

（2）线下督导的优化

线下督导方面，增加随机听课的比例和范围，不局限于传统的课堂教学，还包括实验教学、实习指导、毕业设计指导等环节。同时，加强与教师和学生的面对面沟通，深入了解教学中的实际问题和需求。例如，在课后与教师和学生进行小组讨论，及时反馈督导意见，提高督导的针对性和有效性。

2. 开展专项督导与综合督导相结合

（1）专项督导聚焦重点问题

针对教学中的热点和难点问题开展专项督导。比如，针对新工科建设中的课程体系改革、实践教学基地建设等问题，组织专门的督导小组进行深入调研和监督。专项督导可以集中力量解决特定领域的教学问题，为教学改革提供有力支持。

（2）综合督导保障整体质量

定期开展全面的综合督导，对学校的教学工作进行整体评估。包括教学管理、教师教学、学生学习、课程建设等各个方面。通过综合督导，全面了解学校教学质量的现状和存在的问题，制定宏观的教学改进策略，确保教学质量的整体提升。

3. 构建督导反馈与教学改进的联动机制

（1）及时反馈与沟通机制

督导结束后，建立快速有效的反馈机制。督导员要在短时间内向教师和教学管理部门反馈督导意见，确保问题能够及时得到重视。同时，加强与教师的沟通，了解教师对反馈意见的接受程度和改进困难，共同探讨解决方案。例如，通过建立督导反馈平台或召开督导反馈会议，实现信息的及时传递和交流。

（2）跟踪改进与持续评估机制

对教师的教学改进情况进行跟踪，定期检查教师是否根据督导意见进行了有效改进。将教学改进效果纳入下一轮评价和督导的内容，形成持续评估的闭环。例如，若教师在某一教学环节存在问题，督导员在后续听课中重点关注改进情况，并根据改进效果调整后续的督导建议，促进教师教学质量的持续提升。

（四）推动教学质量评价的文化建设

积极向上的文化氛围能够改变教师和学生对教学质量评价与督导的看法。传统观念中，评价与督导可能被视为一种压力手段，而良好的文化建设可以将其转变为促进教学发展的积极力量。在高校中构建评价与督导文化，可以增强教师和学生对学校教学管理的认同感和归属感。当大家共同遵循一种重视教学质量、尊重评价与督导结果的文化时，会感受到自己是学校教学质量提升这一重要使命的参与者。这种认同感和归属感有利于凝聚人心，促进学校整体发展。同时，教学质量评价与督导文化建设有助于形成持续改进的文化。

1. 价值观念的塑造

（1）质量至上观念

在高校内部倡导教学质量至上的价值观念，让教师和学生都认识到教学质量是学校发展的生命线。通过开展教学质量宣传活动、组织专题讲座等方式，强调高质量教学对学生成长、学校声誉和社会发展的重要意义。

（2）树立评价与督导的积极意义

树立正确的评价与督导观念，使教师和学生明白评价与督导不是对他们的惩罚或束缚，而是帮助他们成长和提高的重要途径。可以通过分享成功案例，如某教师根据评价建议改进教学后取得显著成绩，或者某专业因重视督导意见提升了整体教学质量等，让大家看到评价与督导的积极作用。

2. 行为规范培养

（1）教师教学行为规范

在教学过程中，培养教师遵循科学的教学规范。包括精心备课，根据教学大纲和学生特点设计合理的教学方案；认真授课，做到教学内容准确、教学方法得当、教学态度端正；及时批改作业和辅导学生，关注学生的学习困难和需求。同时，教师要积极配合教学质量评价与督导工作，虚心接受评价和督导意见，主动改进教学。

鼓励教师之间相互观摩学习，形成良好的教学交流氛围。例如，定期组织公开课、教学示范课等活动，让教师们在观摩中学习优秀的教学行为，并通过交流研讨，共同提高教学水平。

（2）学生参与行为规范

培养学生积极参与教学质量评价的行为习惯。教导学生以客观、公正的态度评价教师的教学，让他们明白自己的评价对教学改进的重要性。同时，规范学生在评价过程中的行为，如认真填写评价问卷、避免随意评价等。

鼓励学生在学习过程中积极反馈教学问题，培养他们的自主学习能力和自我管理能力。例如，建立学生反馈渠道，如教学意见箱、在线反馈平台等，及时收集学生对教学的意见和建议。

3. 文化环境营造

（1）物质文化环境打造

在校园内营造与教学质量评价与督导相关的物质文化环境。例如，在教学楼、图书馆等场所张贴有关教学质量重要性、评价与督导意义的标语、海报；设置展示教学评价优秀案例、督导成果的宣传栏，让教师和学生在日常学习和生活中能够随时感受到这种文化氛围。

利用校园网络平台，开辟教学质量评价与督导专题网页，发布评价与督导政策、工作动态、优秀案例等信息，方便师生了解和参与相关工作。

（2）精神文化环境营造

营造尊重知识、尊重教学、尊重评价与督导结果的精神文化氛围。学校领导要高度重视教学质量评价与督导工作，在学校的发展规划、会议讲话等方面体现对教学质量的关注。例如，在学校的年度工作报告中，重点强调教学质量评价与督导对学校发展的推动作用，并对取得的成绩和存在的问题进行深入分析。

通过举办教学文化节、教学质量月等活动，集中展示教学成果、表彰教学质量优秀的教师和学生、开展与教学质量相关的研讨和培训活动，形成浓厚的教学质量文化氛围。

4. 领导带头与政策支持

（1）发挥领导示范作用

学校领导要在教学质量评价与督导文化建设中发挥带头作用。积极参与教学质量检查、评价反馈会议等活动，展示对教学质量工作的重视。例如，学校领导参与听课，与教师和学生交流教学情况，为全校树立重视教学质量的榜样。

（2）政策保障与引导

学校应制定相关政策来支持和引导教学质量评价与督导文化建设。例如，出台鼓励教师参与教学质量改进的奖励政策，对积极接受评价与督导意见、教学质量提升显著的教师给予物质和精神奖励；制定保障学生参与教学评价权利的政策，如规定评价的匿名性、对学生评价的保护等，促进评价文化的健康发展。

5. 培训与宣传

（1）人员培训

对教师和学生进行教学质量评价与督导相关知识和技能的培训。对于教师，培训内容包括如何理解评价指标、如何根据评价结果改进教学、如何配合督导工作等；对于学生，培训重点是如何客观公正地评价教师教学、如何有效反馈学习问题等。通过培训，提高师生对评价与督导工作的认识和参与能力。

（2）宣传推广

利用多种渠道对教学质量评价与督导文化进行广泛宣传。除了传统的校园广播、校报等媒体外，充分利用新媒体平台，如微信公众号、微博等，发布教学质量评价与督导的信息、案例、解读等内容。例如，制作生动有趣的短视频，介绍教学质量评价与督导的流程和意义，提高师生的关注度。

开展主题宣传活动，如"教学质量评价与督导宣传周"，通过举办系列活动，如专家讲座、师生座谈会、成果展示等，集中宣传教学质量评价与督导文化，扩大其影响力。

第七章　高校二级学院教学管理创新发展

在高等教育快速发展和变革的新时代，高校二级学院作为高校教学、科研和人才培养的基本单位，其创新发展对于提升高校整体竞争力、适应社会发展需求具有至关重要的作用。

一、高校二级学院的发展

（一）二级学院的由来

20世纪50年代，我国高等学校管理体制学习苏联的大学行政管理模式，形成了校-系-教研室三级管理模式。这种模式在当时的历史条件下，为国家培养了大批高级专门人才。但随着社会和经济的不断发展，旧的管理模式逐渐不能适应现代高校的发展要求，大学开始探索管理体制的改革。

为了适应高等教育的发展需求，提高管理效率和办学质量，大学开始试行以二级学院为运作组织，实行校、院两级管理模式的学院制，向学院放权，使学院成为能够自我发展的、拥有相对独立和相应自主权的办学组织。各个高校设立二级学院的做法不尽相同，有的是由原来的系经过发展壮大而成；有的是依据学校内相近相关学科整合而成；有的是几所学校合并后依不同学科门类整合而成；也有的是根据社会发展所需要的新学科门类而设立。

总的来说，我国二级学院的形成是随着高等教育的不断发展和改革，为了更好地适应社会需求、提高办学质量和管理效率而逐渐形成和发展起来的。

（二）二级学院的组织特性

1. 学科专业性

二级学院通常围绕特定的学科领域或专业方向进行构建，拥有相对集

中的学科资源和专业师资队伍。这使得学院在学科建设、人才培养和科学研究方面能够形成深度和聚焦的发展态势。

在教学上，二级学院依据所属学科的知识体系和发展规律，设计专业课程，培养专业人才。科研方面，二级学院聚焦于所属学科领域的前沿问题和关键技术进行研究。教师和研究人员基于学科背景组建科研团队，申请相关的科研项目，产出具有学科特色的科研成果。

学科专业性使得二级学院在人才培养和科学研究上能够深耕细作，形成独特的优势和特色。但同时也可能导致学科之间的壁垒，限制跨学科的交流与合作。

2. 相对独立性

在高校的整体架构中，二级学院在一定程度上具有自主决策和管理的权力。它们可以根据自身的特点和需求，制定教学计划、开展科研活动、管理师资队伍等，能够灵活应对学科领域内的变化和发展。

教学管理方面，二级学院能够根据学科特点和学生实际情况，制定具体的教学计划、课程安排和教学质量监控措施；人事管理方面，二级学院有权根据自身的发展需求招聘和选拔教师，并对其进行考核和评价。虽然招聘和晋升等重要决策可能需要学校层面的审批，但二级学院在人员调配和使用上具有较大的自主权。财务方面，二级学院通常有一定的自主支配权，可以根据教学、科研和学科建设的需要，合理安排经费使用。这使得学院能够灵活应对各种突发情况和紧急需求。

这种相对独立性为二级学院提供了自主发展的空间，激发了二级学院的积极性和创造性。但如果缺乏有效的监督和协调，也可能导致资源浪费、发展不平衡等问题。

3. 综合性与复杂性

二级学院不仅要负责教学和科研工作，还要承担学生管理、社会服务等多项任务。

教师队伍中，既有资深的教授，也有中青年骨干教师和新进的博士。他们在教学水平、科研能力、职业发展阶段等方面存在差异，对学院的发展有着不同的期望和诉求。学生群体也具有多样性，包括不同年级、不同专业方向、不同学习能力和兴趣爱好的学生。这就要求二级学院在教学安排、学生管理和服务等方面要充分考虑到学生的个体差异，提供多样化的选择和支持。行政人员和教辅人员在保障学院日常运行、服务师生方面发挥着重要作用，但他们的工作性质和职业发展路径与教师和学生又有所不同。

这种综合性与复杂性增加了二级学院管理的难度，但也为创新发展提供了丰富的资源和可能性。

4. 开放性

在当今高等教育国际化、信息化的趋势下，二级学院表现出越来越强的开放性，需要与外部的企业、科研机构、其他高校等进行广泛的合作与交流，以获取资源、拓宽视野、提升影响力。

一方面，积极开展国际交流与合作。与国外高校的同类学院建立合作关系，开展学生交换、联合培养、科研合作等项目；邀请国外知名学者来校讲学、合作研究，派遣教师和学生出国访问、深造，拓宽国际视野，提升学院的国际影响力。另一方面，加强与社会各界的联系与合作。与企业合作建立实习基地、产学研合作平台，共同开展技术研发和人才培养；与政府部门合作，承担社会服务项目，为地方经济社会发展提供智力支持。

开放性使得二级学院能够及时获取外部资源和信息，紧跟时代步伐，不断更新教育理念和教学内容，但也面临着文化冲突、利益协调等挑战。

5. 目标多样性

二级学院需要同时实现教学、科研、社会服务等多重目标，并且要在这些目标之间寻求平衡。

教学是二级学院的首要任务，要确保学生获得高质量的教育，培养适应社会需求的专业人才。科研是提升学院学术水平和创新能力的重要途径，通过科研成果的转化和应用，能够为社会发展做出贡献。社会服务则是学院发挥自身优势，服务地方经济社会发展的直接体现。

然而，在资源有限的情况下，如何合理分配资源，使教学、科研和社会服务相互促进，共同发展，是二级学院面临的一个难题。有时可能会出现重科研轻教学，或者社会服务与教学科研脱节的现象。

6. 文化传承性

每个二级学院在长期的发展过程中，会形成独特的学院文化，包括学术传统、价值观念、行为规范等，这些文化因素对学院的发展具有深远的影响。

学院文化对师生具有潜移默化的影响，是学院凝聚力和归属感的重要来源。例如，某些历史悠久的理科学院可能形成了严谨求实的学术风气；而新兴的人文学院可能更注重创新和包容。

传承和弘扬优秀的学院文化，能够增强学院的认同感和向心力，为学院创新发展提供精神动力。但如果不能与时俱进地对学院文化进行创新和发展，也可能会束缚学院的前进脚步。

（三）二级学院治理的逻辑

1. 学术权力与行政权力的平衡

（1）学术权力的核心地位

在高校二级学院治理中，学术权力应处于核心地位。因为大学的本质是学术机构，学术事务是学院工作的重点。例如，学科建设、专业设置、课程体系构建、学术评价等诸多事务都需要依靠教授、专家等学术力量来主导决策，他们对于学科发展方向的把握、课程内容的选择等学术事务最有发言权。

（2）行政权力的保障作用

行政权力在二级学院治理中起到保障作用。主要负责资源配置、人员管理、事务协调等方面的工作。例如，行政部门可以合理安排教学设施的使用，调配师资力量，组织学术活动的开展等。行政权力能够确保学院的日常运作顺畅，为学术事务的开展提供必要的支持和保障，如争取更多的科研经费、改善教学和科研环境等。

2. 人才培养目标的精准定位

（1）以社会需求导向

二级学院治理的逻辑起点在于精准定位人才培养目标，这需要以社会需求为导向。随着社会经济的快速发展，行业对人才的要求也在不断变化。二级学院应及时了解这些社会需求，相应地调整人才培养目标，以培养符合社会需求的专业人才。

（2）学校战略融合

人才培养目标还应与学校的整体战略相融合。学校有其特定的发展定位，如研究型、应用型或教学型等。二级学院作为学校的组成部分，要在学校战略框架下确定自身的人才培养目标。例如，在一所应用型为主的学校中，二级学院的人才培养应侧重于培养学生的实践操作能力和解决实际问题的能力，使学生能够快速适应社会实际工作岗位。

3. 学科与专业建设的基石作用

（1）学科建设的引领性

学科建设是二级学院治理的重要基石和逻辑起点。学科是知识的分类体系，它引领着专业的发展方向。学科建设包括学科方向的凝练、学术队伍的组建、科研成果的积累等方面。通过明确学科发展方向，吸引优秀人才加入，开展高水平的科研活动，能够提升学院的学术地位和竞争力。

（2）专业建设的实践性

专业建设是学科知识应用于人才培养的具体体现。它与社会职业需求紧密相连，具有较强的实践性。专业建设包括专业课程体系的设计、实践教学基地的建设、专业评估与认证等内容，通过这些工作可以确保培养出符合社会需求的专业人才。

4. 教师队伍的关键主体地位

（1）教学质量保障

教师是二级学院治理的关键主体。在教学方面，教师的素质和能力直接影响教学质量。例如，教师的教学方法、教学态度、专业知识水平等都会对学生的学习效果产生重要影响。优秀的教师能够激发学生的学习兴趣，传授扎实的专业知识，培养学生的创新思维和实践能力。因此，建设一支高素质的教师队伍是保障教学质量的关键。

（2）科研创新驱动

科研方面，教师是科研创新的主要力量。他们的研究成果不仅可以提升学院的学术声誉，还能为教学提供丰富的素材。例如，教师在科研过程中取得的新理论、新技术可以及时更新到教学内容中，使学生接触到学科前沿知识。同时，教师通过科研项目可以培养学生的科研能力，引导学生参与学术研究，促进学生的创新能力发展。

5. 学生中心理念的确立

（1）个性化发展需求

在二级学院治理中，要确立以学生为中心的理念，关注学生的个性化发展需求。每个学生都有自己的兴趣爱好、学习能力和职业规划。例如，有些学生对学术研究感兴趣，希望继续深造；有些学生则更倾向于毕业后直接就业，需要加强实践技能的培训。学院应根据学生的不同需求，提供个性化的教育服务，如开设不同方向的选修课程、提供个性化的学业指导等。

（2）全面发展目标

除了关注个性化需求，还要以学生的全面发展为目标。这包括培养学生的知识水平、实践能力、创新思维、社会责任感等多个方面。例如，通过课程教学、实践活动、社团组织等多种途径，让学生在知识学习的同时，锻炼实践能力，培养创新精神，增强社会责任感。如组织学生参与志愿者服务活动，培养学生的社会服务意识和责任感。

二、新时代二级学院教学管理的挑战与机遇

（一）挑战分析

1. 教育理念更新方面

（1）应对多元教育理念的冲击

新时代各种教育理念层出不穷，如以学生为中心、成果导向教育（OBE）、新工科、新文科等理念不断涌现。二级学院需要在教学管理中理解和融合这些理念，但这并非易事。例如，在传统教学管理模式下，课程设置和教学评价多以教师为中心，而以学生为中心的理念要求关注每个学生的个性化发展和学习体验，这意味着要对整个教学管理流程进行重新审视和调整，包括课程选择、教学方法、考核方式等环节。

（2）理念落地与实践的协调困难

即使二级学院接受了新的教育理念，将其真正落实到教学管理实践中也面临挑战。一方面，教师和教学管理人员可能对新理念的理解存在偏差，导致在执行过程中出现走样的情况。另一方面，新理念的实施可能需要配套的资源和制度，但学院在资源有限的情况下，难以迅速建立起完善的支持体系。

2. 教学资源管理方面

（1）资源需求增加与有限供给的矛盾

随着教育规模的扩大和教学要求的提高，二级学院对教学资源的需求持续增加。无论是教室、实验室等硬件设施，还是教材、在线教学平台等软件资源都面临压力。例如，实践教学比重增加，需要更多先进的实验室设备，但资金投入有限，导致设备更新不及时，影响实践教学质量。同时，随着课程内容的更新和拓展，需要购买新的教材、开发新的在线课程资源，这对学院的经费预算提出了挑战。

（2）资源分配与协调难题

在资源有限的情况下，如何合理分配教学资源成为二级学院教学管理的一大挑战。不同专业、课程和教师对资源的需求各不相同，需要平衡各方利益。例如，新开设的热门专业可能需要更多资源用于建设实验室和购置教学设备，但传统优势专业也需要资源维持和提升其教学水平。此外，资源分配还涉及不同学科之间的协调，如跨学科课程可能需要多个学科的实验室资源，但各学科可能有自己的使用计划，这就需要学院进行有效的协调。

3. 师资队伍建设方面

（1）教师能力提升需求多样

新时代要求教师具备多种能力，包括扎实的学科知识、熟练的信息化教学技能、跨学科教学能力等。二级学院需要提升教师的综合能力，但教师的个体差异较大，培训需求多样。例如，老教师可能在信息化教学方面需要更多的培训和支持，而年轻教师可能需要在学科前沿知识和跨学科教学方法上进一步提升。同时，教师在教学和科研之间的平衡也需要关注，避免因过度强调某一方面而影响教学质量。

（2）师资队伍稳定性挑战

二级学院面临着师资队伍不稳定的问题。一方面，外部竞争激烈，其他高校或行业可能以更优厚的条件吸引人才，导致学院人才流失。另一方面，教师在职业发展过程中可能因遇到瓶颈或缺乏激励机制而产生离职的想法。例如，一些青年教师在职称评定困难或缺乏科研启动资金的情况下，可能会选择到更有利于自身发展的环境中去，这对学院的教学管理和学科建设都会产生负面影响。

4. 课程管理方面

（1）课程体系动态更新压力

社会对人才的需求在不断变化，学科知识也在快速更新，这要求二级学院的课程体系要保持动态更新。然而，课程体系调整涉及多个环节和部门，操作复杂。例如，新增一门跨学科课程，需要协调不同学科的教师、安排教学时间、确定考核方式，同时还要考虑课程与原有课程体系的衔接问题。而且，课程更新需要经过严格的审批程序，这可能会导致课程改革的进度滞后，无法及时满足学生和社会的需求。

（2）课程质量保障难度增加

在课程数量增加、课程类型多样化的情况下，保证课程质量变得更加困难。不同教师的教学水平和教学方法存在差异，如何确保每门课程都能达到预期的教学质量是一个挑战。此外，对于在线课程、实践课程等新型课程形式，质量评估标准和方法还不够完善。例如，在线课程的互动性、实践课程的实践效果评估等都需要进一步研究和规范，以保障课程质量。

5. 教学评价与质量监控方面

（1）评价体系科学性要求提高

传统的教学评价体系往往以学生成绩和简单的教师教学评价为主，难以全面、客观地反映教学质量。新时代需要建立更科学的教学评价体系，综合考虑学生的学习成果、能力提升、教师的教学方法创新、课程的社会适应性等多方面因素。

（2）质量监控的全面性与实时性面临挑战

教学质量监控需要覆盖教学的全过程，包括备课、上课、作业批改、考试等环节，并且要具有实时性，以便及时发现问题并采取措施。然而，目前二级学院的教学质量监控手段有限，难以做到全面和实时监控。例如，对于大量的课堂教学，仅靠传统的听课方式可能无法全面了解教师的教学情况。

（二）机遇洞察

1. 教育政策与资源支持机遇

（1）政策导向明确

新时代国家教育政策更加注重内涵式发展和教育质量提升，为二级学院教学管理带来了明确的发展方向。例如，国家出台的关于加强本科教育、推进一流本科课程建设等政策，引导二级学院积极调整教学策略，将资源向课程质量提升、教学方法创新等方面倾斜。这些政策为二级学院争取更多的教学改革项目和资金支持提供了依据，有利于二级学院开展符合政策导向的教学管理创新工作。

（2）资源投入增加

随着教育投入的不断加大，高校在教学设施、科研设备、师资培训等方面的资源逐渐丰富，二级学院作为教学管理的直接实施单位从中受益。学校可能会加大对二级学院实验室建设、智慧教室打造等方面的投入，改善教学条件。同时，也会为教师提供更多的国内外培训和学术交流机会，提升教师的教学和科研水平，从而为二级学院优化教学管理、提高教学质量创造良好的物质和人力条件。

2. 信息技术发展机遇

（1）教学模式创新

信息技术的飞速发展为二级学院教学管理带来了教学模式创新的机遇。在线教育平台、虚拟实验室、人工智能辅助教学等新兴技术手段不断涌现。二级学院可以利用在线教育平台开展线上线下混合式教学，打破传统教学的时空限制，增加课程的灵活性和可及性。虚拟实验室可以让学生在低成本、低风险的环境下进行实验操作和实践训练，提高实践教学效果。

（2）教学管理信息化

信息技术有助于二级学院实现教学管理的信息化和智能化。通过建立完善的教学管理信息系统，学院可以实现课程安排、学生选课、成绩管理、教学评价等教学管理环节的自动化和数字化。这不仅提高了教学管理的效率，减少了人为错误，还能通过数据分析为教学决策提供科学依据。

3.社会需求变化机遇

（1）人才培养有针对性调整

社会经济的快速发展和产业结构的不断升级对高校人才培养提出了新的要求，这为二级学院教学管理带来了机遇。二级学院可以根据社会对人才知识、技能和素质的新需求，及时调整人才培养方案。

（2）产学研合作深化

社会需求的变化促使二级学院进一步深化产学研合作。企业对创新型人才和技术的需求增加，为二级学院与企业建立紧密的合作关系提供了契机。二级学院可以与企业共同开展人才培养、科研项目合作、实习基地建设等工作，为学生提供实习和实践机会，使学生在实践中掌握最新的行业技术和工艺，同时，提高学院的教学质量和科研水平。

4.学科交叉融合机遇

（1）跨学科课程建设

新时代学科交叉融合趋势日益明显，为二级学院教学管理创造了跨学科课程建设的机遇。二级学院可以整合不同学科的知识和资源，构建跨学科课程体系。跨学科课程建设不仅丰富了教学内容，拓宽了学生的视野，也有利于培养学生的创新思维和综合解决问题的能力。

（2）教学团队组建与创新

学科交叉融合需要不同学科背景的教师共同参与教学和科研，这为二级学院组建跨学科教学团队提供了机遇。通过组建跨学科教学团队，教师之间可以相互学习、相互启发，打破学科壁垒，促进知识的交流和融合，不仅为学生提供多学科视角的教学内容，同时也推动了学院教学方法和科研方向的创新。

三、高校二级学院教学管理创新方向

（一）理念转变：从传统管理向服务与引导转型

1.树立以学生发展为核心的理念

二级学院需要将关注点从单纯的教学活动管理转移到学生的全面发展上。认识到每个学生都有独特的学习需求、兴趣和潜力，教学管理应致力于为学生创造个性化的学习环境，不再仅仅强调学生对知识的被动接受，而是鼓励他们积极参与、自主探索和创新实践，通过课程设置、教学方法改革等为学生提供多样化的发展路径。

2.强化服务意识

二级学院教学管理要从管理者的角色转变为服务者。积极为教师的教学和科研提供支持，包括提供优质的教学资源、组织教学培训、协助解决教学过程中的问题等。对于学生，要及时响应他们在学习和生活中遇到的与教学相关的问题，如选课困惑、学业困难等，通过建立便捷的沟通渠道和反馈机制，提高服务质量。

3.注重教育生态理念

意识到教学管理是一个复杂的教育生态系统的一部分，二级学院需要考虑到各种因素之间的相互关系。这包括教学与科研、课程与实践、教师与学生、学院与社会等多方面的协同发展。例如，在课程体系方面，整合不同学科课程，避免课程孤立，使知识相互关联、融合，形成有机整体。教学方法上，倡导教师运用多样化且相互配合的手段，如线上线下混合式教学与实践教学相结合，促进学生全面发展。同时，建立涵盖教学、行政、学生的多方沟通反馈机制，让各方在教育生态中协同运作，保障教学管理质量，促进学生成长和学院发展。

（二）教学创新：融合前沿技术与多元教学方法

1.引入信息技术驱动教学变革

（1）建设智慧教学平台

搭建集在线课程、教学资源共享、学习数据分析、师生互动等功能于一体的智慧教学平台。教师可以在平台上发布课程资料、布置作业、进行线上教学，学生能够在线学习、提交作业、参与讨论。通过平台收集的学习数据，教师可以更好地了解学生的学习情况，实现个性化教学。例如，利用平台的智能推送功能，根据学生的学习进度和掌握程度，为其推荐合适的学习内容和练习题目。

（2）运用虚拟现实（VR）和增强现实（AR）技术

在一些实践教学环节，如艺术、工程等领域，引入了 VR 和 AR 技术。以设计专业为例，利用 AR 技术将设计图纸与实际环境相结合，帮助学生更直观地理解设计效果，增强学习体验。

2.推广多元教学方法

（1）项目式教学法

在课程教学中广泛应用项目式教学，以实际项目为驱动，让学生在完成项目的过程中掌握知识和技能。例如，在计算机专业的软件开发课程中，教师引入企业的小型软件项目，学生分组完成从需求分析、设计、编码到测试的整个过程，培养他们的团队协作能力、问题解决能力和实际编程能力。

（2）案例教学法与问题导向教学法相结合

在专业课程中，选择具有代表性的行业案例，并围绕案例提出一系列问题，引导学生分析和解决问题。这种方法可以增强学生对理论知识的理解和应用能力。以工商管理专业为例，通过分析企业的市场竞争案例，让学生运用市场营销、财务管理、人力资源管理等多方面的知识进行综合分析，提高他们的决策能力和实践素养。

（三）师资队伍管理创新：激励与发展并重

1.建立科学的教师评价体系

（1）多元化评价指标

改变传统以教学工作量和科研成果数量为主的评价方式，建立涵盖教学质量、科研水平、社会服务、学生指导等多维度的评价指标。教学质量评价可以包括学生评价、同行评价、教学成果（如课程建设、教学改革项目等）；科研水平评价除了论文发表和课题数量外，更注重科研成果的质量和应用价值；社会服务评价关注教师为企业、社区等提供的专业咨询、培训等活动；学生指导评价则涉及对学生学业、科研、职业规划等方面的指导情况。

（2）动态评价机制

采用定期评价与不定期抽查相结合的动态评价机制。除了每学期或每年的常规评价外，不定期对教师的课堂教学、科研进展等进行抽查，及时发现问题并给予反馈。同时，评价结果应与教师的薪酬、晋升、奖励等挂钩，激励教师不断提高自身素质和工作绩效。

2.促进教师专业发展

（1）个性化发展规划

根据教师的年龄、职称、学科背景和个人发展意愿，为每位教师制定个性化的专业发展规划。对于青年教师，重点培养其教学能力和基本科研素养，通过师徒结对、教学基本功培训、参与科研团队等方式，帮助他们尽快适应教学科研工作；对于中年骨干教师，鼓励其在学科前沿领域深入研究，提供国内外访学、参加高水平学术会议等机会，提升其在学术领域的影响力；对于资深教师，支持他们开展教学改革和指导青年教师工作，发挥传帮带的作用。

（2）跨学科合作与培训

鼓励教师开展跨学科合作，促进学科之间的交叉融合。组织跨学科培训活动，让教师了解不同学科的理论、方法和技术，拓宽知识视野。例如，举办"理工科与人文社科交叉"系列讲座和研讨会，促进理工科教师与文科教师之间的交流与合作。通过跨学科合作项目，如跨学科课程建设、科研课题申报等，培养教师的跨学科教学和科研能力。

（四）学生教学管理创新：个性化与自主化管理

1. 实施学分制改革与选课指导

（1）完善学分制管理

进一步完善学分制，给予学生更多的选课自主权。在保证专业核心课程的基础上，扩大选修课程的范围和种类，包括跨学科选修课程、创新创业课程、实践技能课程等。同时，合理设置学分结构，增加实践学分、素质拓展学分等非传统学分的比重，鼓励学生全面发展。例如，在文科专业中，可以设置一定比例的理工科选修课程学分，培养学生的跨学科思维。

（2）个性化选课指导

建立专业的选课指导团队，为学生提供个性化的选课建议。指导教师根据学生的专业兴趣、学习能力、职业规划等因素，帮助学生制定合理的选课计划。可以开发选课指导软件，通过分析学生的学习数据和个人信息，为学生推荐适合的课程组合，并提供课程详细介绍、教师教学风格、课程难度等信息，避免学生盲目选课。

2. 加强学生自主学习管理

（1）培养自主学习的意识和能力

通过开展学习方法讲座、学习经验交流会等活动，培养学生的自主学习意识。在课程教学中，逐步引导学生从被动接受知识向主动探索知识转变。例如，在课程开始时，教师介绍课程的学习目标和方法，要求学生制定个人学习计划，并在学习过程中定期检查和调整。同时，培养学生的信息检索能力、批判性思维能力等自主学习能力，鼓励他们利用图书馆、网络等资源自主获取知识。

（2）建立学生自主学习支持系统

构建包括学习资源库、在线学习社区、学习辅导服务等在内的学生自主学习支持系统。学习资源库收集整理各类课程相关的学习资料，如电子书籍、学术论文、教学视频等；在线学习社区为学生提供交流学习心得、讨论问题的平台；学习辅导服务可以通过线上线下相结合的方式，为学生提供学业辅导、答疑解惑等帮助，营造良好的自主学习氛围。

（五）教学质量管理创新：全过程与全方位监控

1. 构建教学质量全过程监控体系

（1）教学前质量监控

在教学计划制定阶段，组织专家对课程设置、教学大纲编写等进行审核，确保教学内容符合专业培养目标和社会需求。对教师的教学准备情况进行检查，包括教案编写、教学资源准备等，保证教师有充分的准备开展教学。

（2）教学中质量监控

建立课堂教学质量监控机制，通过教学管理人员听课、同行听课、学生评教等方式，对教师的课堂教学质量进行实时监控。同时，关注教学过程中的学生学习情况，如课堂参与度、作业完成情况等。对于发现的问题，及时与教师沟通并提出改进建议。例如，利用在线教学平台的数据分析功能，及时发现学生学习困难点，反馈给教师调整教学策略。

（3）教学后质量监控

在课程结束后，对教学效果进行评价。收集学生对课程的总体评价、学习收获等反馈信息，分析课程考试成绩分布情况，评估教学目标的达成程度。根据评价结果，对课程进行持续改进，如调整教学内容、改进教学方法等。同时，将课程教学质量评价结果与教师的绩效挂钩，激励教师提高教学质量。

2. 实现教学质量全方位评价

（1）内部评价与外部评价相结合

除了学院内部的教学评价（包括教师自评、同行评价、学生评价等），还可引入外部评价机制。邀请行业专家、企业用人单位、毕业生等参与教学质量评价。行业专家可以对课程内容的专业性和前沿性进行评价；企业用人单位可以根据毕业生在工作中的表现，反馈对学院人才培养质量的意见；毕业生则可以从自身的学习和工作经历出发，对教学内容和教学方法的实用性提出建议，形成全方位的教学质量评价体系。

（2）定性评价与定量评价相结合

在教学质量评价中，将定性评价（如教师教学风格、课程氛围等方面的描述性评价）和定量评价（如学生评教分数、考试成绩统计等）相结合。通过问卷调查、访谈等方式收集定性评价信息，通过数据统计分析进行定量评价。例如，在学生评教中，除了让学生给教师打分外，还设置开放性问题，让学生详细描述教师教学的优点和不足，使教学质量评价更加全面、客观。

四、新时代高校提升二级学院教学管理效率的对策

在新时代背景下，高等教育面临着前所未有的机遇和挑战。高校二级学院作为教学管理的前沿阵地，其教学管理效率直接影响着人才培养质量和学院的整体发展。随着教育规模的扩大、教育理念的更新以及社会对人才需求的多样化，提升二级学院教学管理效率成为高校改革发展的重要任务。

（一）二级学院"自主办院"

1. 放权赋能：从执行到自主的管理转变

高校应当首先明确校院两级在行政管理、科研、教学等方面的权力及职能边界，在工作方式上减少对二级学院的管控，发挥宏观指导、服务咨询、监督保障等作用，注重引导二级

学院确立"自主办院"的基本理念。

学校层面主要做好顶层设计，把控学校发展定位，明确办学理念，落实上级下达的各项任务，对学院从过程管理转变到目标管理，设定好学院目标和责任、目标达成标准、完成时限，并进行指导、协调、监督和定期考核，做到事前引导、事中监督、事后评定，确保学院教学管理与学校设定的发展路径一致。接下来，需要做好权、责、利的匹配。学校下放管理权限时，要将权、责、利同时下放，不能放"责"不放"权"和"利"。学校和学院教学管理责任分工还要建立系统的规章制度与清晰的流程，明确交叉地带的管理职责归属及突发事件的处理原则等。

伴随管理权下放，二级学院要将自身定位从教学管理执行部门转变为能够独立自主进行教学管理的部门，消除对原有一级管理的依赖，主动调整与完善行政权力、学术权力和民主权力之间的关系，从而实现自我发展的良性循环。要以目标管理为主，从被动执行到主动管理，直接行使管理权，形成二级学院教学管理特色与风格，实现在学校统一领导下具有相对自主权的良性分级管理模式。

2. 校院两级整体战略相契合

高校二级学院自主办院，意味着二级学院在教学、科研、行政管理等方面拥有更多的自主权和决策权。然而，这种自主办院并非孤立的行为，校院两级的整体战略必须相互契合，才能实现高校的整体发展目标。

一方面，学校的整体战略规划应为二级学院自主办院提供宏观指导和框架约束。学校要明确自身的定位、发展愿景和长期目标，制定出涵盖学科建设、人才培养、师资队伍建设等方面的总体战略。这些战略规划应当具有前瞻性和引领性，为二级学院的发展指明方向。例如，如果学校的战略是建设应用型大学，二级学院的教学管理就应围绕培养具有实践能力和创新精神的应用型人才展开，在课程设置上加大实践课程比重，在教学方法上注重案例教学、项目驱动教学等。

另一方面，二级学院在自主办院过程中，要充分考虑学校的整体利益和资源配置情况。二级学院应根据自身的学科特点、师资力量和教学科研基础，制定具体的发展规划和实施方案。但这些规划不能只关注本学院的局部利益，而应与学校的整体战略相融合。比如，在专业设置和课程改革上，要与学校的学科布局相协调；在师资引进和培养上，要符合学校的师资队伍建设总体规划。

此外，还需要建立有效的沟通协调机制。学校和二级学院之间应保持密切的信息交流，及时解决战略实施过程中出现的问题和冲突。通过定期的会议、研讨等形式，共同探讨如何更好地实现校院两级战略的契合，形成协同发展的合力。

3. 从"管控"到"服务"

传统的教学管理往往侧重于对教学过程的管控，新时代二级学院教学管理应将重心转向服务师生。深入了解教师在教学准备、教学实施、教学评价等环节的需求，关注学生在选专业、选课程、学习困难反馈、职业规划咨询等方面的需求，确保工作开展紧紧围绕以师生需求为导向。

同时，要尽可能简化和优化现有的教学管理服务流程，去除烦琐的审批环节和不必要的手续。例如，在教师申请教学改革项目时，减少纸质材料的提交，改为线上一站式申报与审批流程，缩短审批时间，提高办事效率。对于学生的学籍管理、成绩查询等服务，也应通过信息化手段实现便捷化，让师生将更多的精力投入教学和学习中。

4. 增强资源获取与调配能力

二级学院要积极拓展多种资源获取途径。一方面，鼓励教师争取校外科研项目和横向课题，获取科研经费和社会资源。另一方面，加强与校友和社会各界的联系，通过校友捐赠、企业赞助等方式增加学院的资源储备。

同时，要建立科学的资源调配体系，根据学科发展重点和教学需求合理分配资源。在师资方面，根据课程开设情况和科研项目需求，合理安排教师的教学和科研任务。对于教学设备和实验室资源，通过信息化管理系统，实现资源的预约和共享，提高资源的利用率。例如，将实验室在空闲时间开放给有需求的教师和学生进行科研和实践教学活动。

（二）优化二级学院教学管理组织架构

1. 精简管理层次

二级学院要分析现有的教学管理组织架构，去除一些不必要的中间管理层次。例如，如果存在多层级的审批流程，导致教学事务处理缓慢，可以简化审批环节，将一些权力下放到更基层的管理岗位。如将小型教学改革项目审批等权力下放到系主任或专业负责人层级，提高决策效率。

在精简管理层次的基础上还要清晰界定每个管理层次的职责，避免职责不清导致的推诿现象。学院层面的教学管理负责整体教学规划、资源统筹和重大教学决策；系（教研室）层面负责课程建设、教学团队组织和日常教学活动等的组织实施。例如，学院教学管理部门制定教学改革方案的总体框架，系（教研室）则负责将改革方案细化并落实到具体课程和教师的教学实践中。

2. 加强团队建设

首先，二级学院要充分认识到师资是学院发展的丰富资源和雄厚实力，要聚集高水平的专家、教授和博士群体，有力保障优秀人才培养和科学研究的进行，从而提升学院的整体教学质量和学术声誉。同时，学院应建立完善的激励机制，鼓励教师不断提升自身的学术水平和教学能力，通过定期的培训和学术交流，促进教师之间的合作与创新。学院还应积极引进外部优质资源，建立与行业、企业的合作关系，形成产教融合的良性循环，以增强师资队伍的实践能力和应用水平。

其次，在学科建设和科研发展方面，二级学院要秉承自由开放的建设理念，创建跨学科、多元化的科研创新团队，充分利用各种科研基地、科研项目、实验室等培养人才、聚集人才，构建自由、开放的交流互动平台，建立科学、民主的激励机制，让广大师生能够在轻松、愉快的环境氛围和充满活力的科研平台中进行各级各类的科研项目。要积极鼓励教师和学生积极参与科研项目和创新活动，建立多层次、多形式的创新激励机制。

同时，二级学院也要重视教学管理团队的专业化，为二级学院教学工作的顺利开展提供强有力的服务保障，成员应具备教育管理专业知识、熟悉教学业务流程和掌握现代管理技术。通过定期培训、进修等方式提升团队成员的专业素养。

3. 建立内部协同工作机制

加强二级学院内部不同部门之间的协同工作。教学管理部门、学生工作部门、科研部门等要密切配合。例如，教学管理部门在制定教学计划时，要与学生工作部门沟通，了解学生的思想动态和就业需求；与科研部门协作，将科研成果及时转化为教学内容。同时，建立部门间的定期沟通会议制度和信息共享平台，确保信息流通顺畅。

二级学院要积极重视促进教师之间的协同教学，鼓励教师开展团队教学、联合指导毕业设计等活动。在团队教学中，不同教师可以根据自己的专业特长负责不同章节或知识点的讲授，实现优势互补。

（三）构建学术主导型组织管理体系

二级学院既是一级行政单位，又是一个学术共同体，具有相应的权责和确定的层级与职位，其领导一般由学校任命。这里是学术与行政二元权力结构的交汇处，学术与权力的作用影响和冲突协调最先表现在二级学院。高校的二级学院在进行管理时，会出现对行政权力和学术资源的竞争，从某种角度来看，二级学院的管理者拥有行政权力，二级学院也能够获取一定的学术资源。行政权力和学术权力在实际的操作过程中会出现一定的矛盾和冲突，高校二级学院在治理中怎样保持行政权力与学术权力两者之间的平衡，或者更注重学术权力，是亟待解决的问题。

1. 重组学术委员会

伯顿·克拉克提出，行政权力与学术权力之间的关系更多地体现为冲突与制衡，现代大学制度的灵活性是对科学、民主和真理的不断追求。维护学术自由是现代大学治理的关键，应通过组织和制度建设来维护学者的话语权，以保障学术自由。

学术主导型组织管理体系意味着将学术权力置于核心地位，让学者和专家在学院的决策过程中发挥关键作用。二级学院应重新组建学术委员会，保障其拥有的权力，平衡行政权力和学术权力的关系，从组织运行和制度设计方面推进二级学院治理、制定学科规划、公平进行职称晋升评定、合理分配学术资源、科学开展学术成果鉴定等工作。

同时，在二级学院管理中应适当提高学术权力的地位，让学术机构中各学科的领军人物扮演重要角色，并使学术机构处于主导地位，能够参与二级学院各项事务的重要决策，将其研究思路和成果作为管理的依据，提高学术决策的民主性和科学性。

2. 跨学科协作与交流

构建学术主导型组织管理体系，加强跨学科协作与交流，有助于提升二级学院的学术水平和创新能力，培养适应社会需求的高素质人才。

跨学科协作与交流是打破学科壁垒、促进知识创新的有效途径。二级学院可以通过设立跨学科研究中心或项目组，整合不同学科的资源和人才，针对重大社会问题或前沿科学问题开展协同攻关。这种跨学科的互动还有利于整合资源，提高研究和教学的效率。各学科的实验室、设备、数据等资源可以共享，避免重复建设和浪费。同时，教师团队能够通过跨学科合作，共同承担大型科研项目和教学任务，发挥各自的专长，提升整体工作的质量和进度。

对于学生培养而言，跨学科协作与交流能够拓宽学生的知识面和视野，培养他们的综合能力和创新思维。学生有机会参与跨学科的课程、项目和实践活动，接触到不同领域的知识和方法，更好地适应未来社会对复合型人才的需求。

为了推动跨学科协作，学院应制定鼓励政策，如在职称评定、绩效考核中对跨学科研究成果给予适当倾斜。同时，搭建多样化的交流平台，如定期举办跨学科学术沙龙、研讨会等，促进不同学科背景的师生之间的思想碰撞和合作。此外，优化课程设置也是促进跨学科交流的重要手段。开设跨学科课程，鼓励学生选修不同学科的课程，培养他们的综合思维和创新能力。还可以建立跨学科导师组，为学生提供更全面的指导。

3. 建立学术评价机制

学术评价机制是对学院内学术成果和学术活动进行评估和衡量的重要准则，其不仅能够准确反映教师和学生的学术水平与贡献，还能为资源分配、职称晋升、奖励表彰等提供重要依据。

建立学术评价机制应注重多元化的评价指标，避免单一的量化指标影响学术判断。实际操作过程中，不能仅仅以论文发表数量、科研项目经费等量化指标来衡量，而要综合考虑学术成果的创新性、实用性、社会影响力等多方面因素。例如，对于一篇学术论文，除了关注其发表的期刊级别，还要评估其研究方法的新颖性、结论对学科发展的推动作用等。

同时，要强调评价过程的公正性和透明性。评价主体应包括同行专家、学院内部学术委员会以及相关领域的外部专家等，通过多维度的评价确保结果的客观准确。在评价过程中，应公开评价标准和流程，接受师生的监督，保障评价的公平公正。要加强对学术自由的保护，建立学术自由的申诉机制，保障学者在研究过程中不受外部干扰，使学者能够在面对不当干预时有渠道表达诉求，培养学者的责任感与使命感，确保学术活动的规范性与道德性。

（四）完善二级学院教学管理制度

1.优化专业结构，凝练学科特色

为了实现优化专业结构和凝练专业特色的目标，高校要以全面、长远的视角进行规划。一方面，要紧密追踪社会经济的发展趋势和行业需求的动态变化，深入研究新兴产业的崛起以及传统产业的转型升级对人才类型和专业技能的新要求，确保专业设置与市场需求紧密对接。另一方面，要综合考量学校自身的办学定位、师资力量和教学资源。立足学校的优势学科和特色领域，合理布局专业结构，避免专业设置的盲目跟风和重复建设。此外，要建立健全专业动态调整机制。定期对各专业的招生就业情况、教学质量、社会声誉等进行全面评估，根据评估结果及时调整和优化专业设置。加大对特色专业的支持力度，在师资配备、教学资源分配、科研项目立项等方面给予倾斜，为特色专业的发展创造良好的条件。

二级学院则应注重课程体系的特色化建设。围绕专业特色精心设计课程内容，引入具有行业特色的实践教学项目和案例，让学生在学习过程中切实感受到专业的独特魅力和应用价值。此外，加强与企业、行业的深度合作也是凝练专业特色的重要途径。通过共建实习实训基地、开展产学研合作项目等方式，将行业的最新技术和实际需求引入教学，使专业特色更加鲜明、实用。

2.规范教学管理流程

首先，要建立规范的教学计划制定流程，包括市场调研、专业指导委员会审议、同行专家论证、学院教学工作委员会审核等环节。在市场调研阶段，深入了解社会对人才的需求和行业发展趋势；专业指导委员会由校内外专家组成，对教学计划的科学性和实用性进行审议；同行专家论证可以邀请其他高校同专业的专家提出意见；最后学院教学工作委员会进行审核并确定教学计划。通过多轮论证和审核，保证教学计划的质量。

其次，要完善课程开设、调整和评估的流程。课程开设要经过系（教研室）初审、学院教学管理部门复审、学校审批等环节，明确每个环节的审核标准。课程调整（如课程内容、学分、教学方法的变化）也要遵循相应的程序，确保调整的合理性。同时，建立课程评估流程，定期对课程的教学质量、学生满意度等进行评估，根据评估结果进行课程改进或淘汰。

最后，要规范教学实施过程中的各项流程，包括备课、课堂教学、课后辅导、实践教学等。教师备课要有详细的教案和教学计划，明确教学目标、教学重难点和教学方法。课堂教学要按照教学大纲进行，保证教学质量。课后辅导要及时解答学生的疑问，关注学习困难学生。实践教学要制定详细的实践教学大纲和指导书，确保学生在实践中得到有效的训练。

3.畅通"多元主体"的监督反馈渠道

以学校章程为依据，二级学院需不断完善各项检查、评价与督导制度，补充完善教职工、学生等参与相关事务的主要内容、议事程序、途径方法等细则，明晰师生权力的职责与边界，同时拓宽监督渠道，加大办院信息公开力度，使高校、政府部门、社会组织、师生员工、学生家长等全面了解办院信息，更好地参与二级学院治理。

同时，要注重提升各个治理主体的监督、反馈能力。通过多种形式、设立多种活动不断提升师生员工参与二级学院事务的意愿及能力、激发他们参与的积极性，关注师生员工对二级学院发展定位、课程设置、培养方式、科研创新、社会实践等方面提出的意见及建议，注意疏通师生员工与学院领导、行政管理人员之间的关系，保证师生的评价与监督能够发挥作用、达到最佳效果。

在此基础上，要建立教学质量监控的实时反馈机制，及时将监控结果反馈给教师和教学管理部门。根据反馈信息，教学管理部门和教师共同制定改进措施，对教学计划、教学方法、教学内容等进行调整，实现教学质量的螺旋式上升。

4. 内设教育生态的协作

促进教学与科研协作。鼓励教师将科研成果转化为教学内容，建立教学－科研融合机制，通过科研项目带动学生参与科研实践，使学生在实践中掌握科研方法和学科前沿知识。同时，建设教学－科研共享平台，包括实验室、数据库、资料室等。在实验室管理方面，实现教学实验和科研实验的统筹安排，提高设备的利用率。建立学科资料数据库，教师和学生可以共享科研资料和教学资源，促进知识的交流和传播。

加强师生协作。设立师生合作的教学科研项目，如课程设计项目、创新实践项目等。在项目实施过程中，教师作为指导者，与学生共同探讨问题、制定方案、实施计划。通过师生合作，增强学生的学习积极性和主动性，同时提高教师对学生的了解，有利于改进教学方法。同时，完善师生沟通机制，建立多样化的师生沟通渠道，包括定期的师生座谈会、在线交流平台、教师办公室开放日等。通过这些渠道，学生可以及时向教师反馈学习中遇到的问题和建议，教师可以了解学生的需求，调整教学策略，形成良好的师生互动关系。

强化院际与校企协作。一方面，加强与其他二级学院的合作，开展跨学科合作项目，整合学科资源，实现优势互补，促进学科交叉融合。另一方面，深化校企合作育人，与企业建立深度合作关系，共同开展人才培养工作。企业为学院提供实习基地、实践项目和兼职教师，学院为企业输送符合需求的人才，同时积极聘请企业高管参与学院的实践教学指导，提高学生的实践能力和就业竞争力。

5. 加强教学管理信息化建设

建设集教学计划管理、课程管理、教学资源管理、学生选课管理、成绩管理、教学评价等功能于一体的教学管理信息系统，减少人工操作的烦琐和错误，提高教学管理效率。

利用大数据分析技术，对教学管理数据进行深度挖掘。例如，通过分析学生成绩数据与选课数据之间的关系，发现学生在某些课程组合上的学习困难，为教学计划调整提供依据；分析教师教学评价数据，找出教学质量高的教师的教学特点，推广其教学方法。同时，利用数据分析结果为教学管理决策提供支持，如课程资源分配、教师培训方向确定等。

第八章　高校教师队伍建设

高校作为培养高级专门人才、开展科学研究和社会服务的重要机构，其教师队伍的质量直接关系到高校的教育教学水平和科研能力。在当今知识经济快速发展、教育改革不断深化的时代背景下，加强高校教师队伍建设具有至关重要的意义。

一、当前我国高校教师队伍建设

（一）建设现状

1. 规模不断扩大

数量增长：随着高等教育的不断普及和发展，我国高校教师数量持续增加。根据教育部《2023年全国教育事业发展统计公报》数据显示，全国共有高等教育专任教师207.49万人，为高等教育的发展提供了基本的人力保障。并且，随着高校的不断扩招以及新高校的设立，对教师的需求仍在不断增长，教师队伍规模有望继续扩大。

职业吸引力增强：高校教师作为一种相对稳定、社会地位较高的职业，对人才的吸引力不断增强。高校提供的良好工作环境、学术氛围以及相对较高的薪酬待遇等，吸引了大量优秀人才投身高校教育事业。

2. 结构逐渐优化

年龄结构：中青年教师逐渐成为高校教师队伍的主体，为高校带来了新的活力和创新思维。他们在教学方法的创新、科研项目的开展等方面具有较大的优势和积极性，有助于推动高校的发展。同时，老教师的经验传承也对青年教师的成长起到了重要的引导作用。

学科结构：在国家对新兴学科和关键领域的重视下，高校不断加强相关学科的教师队伍建设。例如，人工智能、大数据、新能源等新兴学科的教师数量逐渐增加，学科结构不断优化，以适应社会对各类专业人才的

需求。

学历层次：硕士、博士学历的教师比例逐渐提高，高校对教师的学历要求也越来越高。高学历教师具备更深厚的学术功底和专业知识，能够为学生提供更优质的教学和指导。

职称结构：高校教师的职称结构也在不断改善，具有高级职称的教师比例逐渐提高。这不仅体现了教师队伍整体学术水平的提升，也为高校的教学和科研工作提供了更有力的支持。

3. 素质能力不断提升

学缘结构多元化：高校在招聘教师时，越来越注重教师的学缘背景多元化，避免"近亲繁殖"。来自不同高校、不同地区甚至不同国家的教师汇聚在一起，能够带来不同的学术思想和教学方法，促进学术交流与创新。

专业素养：高校教师大多具有较高的学历背景和专业知识，经过系统的学术训练和专业培养。他们在各自的学科领域不断深入研究，掌握着前沿的学术动态和专业技能，能够为学生提供高质量的教学和指导。

教学能力：各高校越来越重视教师的教学能力培养，通过开展教学培训、教学竞赛、教学研讨等活动，提高教师的教学水平和教学方法。许多教师积极探索创新教学模式，如线上线下混合式教学、项目式教学、案例式教学等，以提高学生的学习兴趣和学习效果。

科研能力：高校教师承担着大量的科研任务，科研能力不断提升。他们积极参与国家科研项目，发表高水平的学术论文，取得了丰硕的科研成果。科研成果不仅为学科发展做出了贡献，也为教学提供了丰富的素材和案例，促进了教学与科研的相互融合。

4. 师德师风建设不断加强

制度建设加强：国家高度重视高校教师的师德师风建设，出台了一系列政策文件和规定，明确了教师的职业道德规范和行为准则。各高校也将师德师风作为教师考核、评价、晋升的重要依据，加强了对教师的师德教育和监督管理。

教育引导强化：高校通过开展师德培训、师德讲座、师德先进评选等活动，弘扬优秀教师的先进事迹和高尚品德，营造了良好的师德师风氛围。教师的师德意识不断增强，能够自觉遵守职业道德规范，做到教书育人、为人师表。

5. 国际化程度日益提高

随着国际交流与合作的不断加强，高校教师的国际化程度日益提高。许多高校积极引进海外优秀人才，邀请国外知名学者来校讲学、开展合作研究。同时，国内教师也有更多的机会到国外高校进行访学、交流、进修，学习国外先进的教学理念和科研方法。

高校教师在国际学术会议上的参与度不断提高，与国际同行的合作交流日益频繁，这不仅提升了教师的国际视野和学术水平，也为高校的国际化发展提供了有力支持。

（二）面临的挑战

1. 教育理念更新方面

（1）传统教育观念的转变存在困难

部分高校教师长期受传统教育观念的影响，习惯以教师为中心的教学方式，如单纯的知识灌输式课堂教学。在新时代要求以学生为中心的教学理念下，这些教师很难迅速转变观念，难以开展启发式、探究式教学，导致教学方法和手段相对滞后，无法满足学生日益增长的自主学习和创新思维培养的需求。

部分教师对于教育的目标理解也存在局限。传统观念下，教师可能更注重学生的知识积累，而在新的教育理念中，强调培养学生的综合素质，包括实践能力、创新能力、社会责任感等多个维度。这种理念的更新需要教师打破原有的思维定式，这对许多教师来说是一个挑战。

（2）难以跟上教育理念的快速变化

教育理念随着社会发展和科技进步在不断更新。例如，随着信息技术在教育领域的广泛应用，线上线下混合式教学、虚拟实验室教学等新理念不断涌现。高校教师需要及时学习和理解这些新的理念，并将其融入自己的教学实践中。然而，由于教学任务繁重等原因，很多教师没有足够的时间和精力去深入研究这些新的教育理念，导致在教学改革中处于被动地位。

全球化的发展也促使教育理念国际化。国际上先进的教育理念如项目式学习、跨学科融合教学等理念逐渐被引入国内高校。高校教师需要了解国际教育趋势，与国际教育理念接轨，但由于语言障碍、国际交流机会有限等因素，部分教师在吸收和应用这些国际化教育理念方面存在困难。

2. 教学能力提升方面

（1）掌握新教学技术的压力增长

现代教育技术如多媒体教学工具、在线教学平台、教育大数据分析等层出不穷。高校教师需要掌握这些新技术来丰富教学手段和提高教学效率。例如，利用在线教学平台开展翻转课堂教学，要求教师不仅要熟悉平台的操作，还要能够设计出适合线上教学的课程内容和教学环节。然而，部分教师尤其是年龄较大的教师对这些新技术的接受和掌握能力较弱，学习新技术的过程也比较吃力。

虚拟现实（VR）、增强现实（AR）等新兴技术也开始在教育领域崭露头角。这些技术能够为学生提供更加沉浸式的学习体验，但教师要想在教学中运用这些技术，需要花费大量的时间去学习技术原理和应用方法，并且还需要与技术人员合作进行课程设计，这对教师的技术应用能力是一个巨大的挑战。

（2）跨学科教学能力的要求增强

随着学科交叉融合的发展趋势，高校越来越需要教师具备跨学科教学能力。例如，在环境科学专业的教学中，可能涉及化学、生物学、地理学、工程学等多个学科的知识。教师需要具备跨学科知识体系，才能更好地设计课程内容和教学方法。然而，大部分教师是在单一学科背景下培养出来的，自身的跨学科知识储备不足，很难开展高质量的跨学科教学。

跨学科教学不仅要求教师有跨学科知识，还需要他们能够引导学生进行跨学科思维和实践。这需要教师具备较强的知识整合能力和教学组织能力，能够设计出跨学科的教学项目和实践活动，帮助学生在不同学科知识之间建立联系，这对于很多教师来说是一个全新的且具有较高难度的挑战。

3. 职业发展压力方面

（1）科研与教学平衡的困境

在高校，教师的职业发展通常与科研成果和教学质量都密切相关。然而，科研和教学在时间、精力等方面存在一定的冲突。一方面，高校对教师的科研要求不断提高，包括科研项目数量、论文发表质量等方面。教师为了完成科研任务，可能会将大量时间投入科研工作中，从而影响教学质量。另一方面，专注于教学的教师可能会因为科研成果不足而在职称评定、岗位晋升等方面受到限制。如何在科研和教学之间找到平衡，是高校教师面临的一个棘手问题。

不同学科的教师在科研和教学平衡上也存在差异。例如，理工科教师的科研项目通常实验周期长、实验设备要求高，需要投入更多的时间和精力；而文科教师的科研更侧重于文献研究和理论创新，但在教学过程中，文科课程的教学改革和实践教学环节也需要大量时间来设计和实施。这种学科差异使得教师在平衡科研和教学时面临不同的困难。

（2）职业竞争的加剧

随着高等教育的快速发展，高校教师队伍不断壮大，教师之间的职业竞争也日益激烈。在职称评定方面，名额有限，教师需要在教学、科研、社会服务等多个方面表现出色才能脱颖而出。

高校引进人才的力度不断加大，引进了许多海外高层次人才和国内优秀青年学者。这些优秀人才的加入，进一步加剧了原有教师队伍的竞争压力。对于部分教师来说，他们可能需要不断提升自己的综合素质和竞争力，才能在激烈的职业竞争中保住自己的岗位并获得职业发展的机会。

4. 师德师风建设方面

（1）多元价值观的冲击

在当今社会多元价值观的背景下，高校教师也受到一定的影响。部分教师可能会受到功利主义价值观的诱惑，过于追求物质利益和个人荣誉，从而忽视了自己的师德修养。例如，在教学过程中，教师可能会敷衍了事，只注重完成教学任务，而不关心学生的成长和发展。

社会上一些不良风气也可能会渗透到校园环境中，影响教师的价值观。例如，拜金主义、享乐主义等观念可能会使部分教师在教学态度和职业操守上出现问题，影响师德师风建设的成效。

（2）师德师风评价的难题

师德师风评价是一个复杂的问题，目前还缺乏一套科学、完善的评价体系。师德师风具有内隐性和长期性的特点，很难通过简单的指标进行量化评价。例如，教师对学生的思想道德教育和情感关怀是一种潜移默化的过程，很难用具体的数据来衡量。

师德师风评价的主体也比较多元，包括学校管理部门、同事、学生等。不同评价主体的评价标准可能存在差异，容易出现评价不一致的情况。而且，在评价过程中可能会受到人际关系等因素的干扰，影响评价结果的公正性和客观性。

二、高校教师队伍建设的理论基础

（一）人力资源管理理论

人力资源管理理论是对人力资源的获取、整合、激励、控制和开发等一系列活动进行管理的理论。主要内容包括人力资源规划，即对人力资源的数量、结构等进行预测和规划；工作分析，明确岗位的职责与任职资格；激励措施，通过物质和精神激励激发员工积极性；培训与开发，分析培训需求，选择合适的内容和方式提升员工素质；绩效管理，设计评估指标，反馈绩效结果以促进员工改进，从而实现组织和个人目标。

1.人力资源规划

（1）教师队伍数量预测

根据高校的发展战略、招生规模以及课程设置等因素，运用人力资源规划中的预测方法来确定教师的合理数量。例如，通过趋势分析法，研究过去几年学校招生人数与教师数量的比例关系，结合未来的招生计划，预测所需教师数量。同时，考虑到学科发展和新专业开设的情况，对于新兴学科领域的教师需求要单独评估，确保教师数量能够满足教学和科研工作的需要。

（2）结构规划

人力资源规划理论强调人员结构的合理性。对于高校教师队伍，结构规划包括学历结构、职称结构、年龄结构和学科结构等。在学历结构方面，不同层次的高校有不同的目标，研究型高校可能更注重博士学历教师的比例，而应用型高校则要合理搭配不同学历层次的教师，以满足教学实践的需求。职称结构要形成合理的梯队，保证高级、中级和初级职称教师的比例适当，促进教师的成长和发展。年龄结构上，避免教师队伍出现年龄断层，老中青教师比例协调，有利于知识传承和创新。学科结构则要根据学校的学科布局和发展重点，合理配置不同学科专业的教师，以保障学科建设和专业发展。

2. 工作分析

（1）人员聘用

强调运用科学的方法选拔优秀人才。在高校教师招聘中，采用多样化的考核方式，如试讲、学术报告、面试等，综合评估应聘者的教学能力、科研潜力和专业素养。

（2）岗位职责明确

教师的主要职责包括教学工作、科研工作和社会服务等方面。在教学工作中，要明确教师的课程讲授任务、教学方法运用、教学质量保障等具体职责。例如，规定教师每周的授课学时数、课程教学大纲的编写要求、学生成绩评定的标准等。在科研工作方面，确定教师的科研方向、科研项目参与要求、科研成果产出目标等。比如，要求教师在一定时期内发表一定数量和质量的学术论文、申请科研项目等。社会服务职责包括参与行业实践、为地方经济发展提供咨询等，要明确教师在这些方面的参与程度和工作内容。

（3）任职资格确定

通过工作分析确定高校教师的任职资格。除了基本的学历要求外，还包括专业知识和技能、教育教学能力、科研能力等方面的要求。例如，对于某学科专业教师，要求其具备扎实的学科基础知识和前沿知识，掌握相应的教学方法和手段，具备一定的科研创新能力和团队协作能力。同时，对于不同类型的教师岗位（如理论课教师、实验课教师），任职资格也有所不同。

3. 激励措施

（1）物质激励

物质激励是激发教师积极性的重要手段之一。高校可以通过合理的薪酬体系设计来实现物质激励。薪酬不仅包括基本工资，还应包括绩效工资、科研奖励、教学奖励等。绩效工资与教师的教学工作量、教学质量、科研成果等挂钩，对表现优秀的教师给予更高的绩效奖励。例如，对于教学质量评估优秀的教师给予额外的教学绩效奖金，对于在高水平学术期刊发表论文或获得科研项目的教师给予科研奖励金，鼓励教师在教学和科研方面积极投入。

（2）精神激励

高校可以通过表彰优秀教师、授予荣誉称号、提供晋升机会等方式满足教师的尊重需要和自我实现需要。例如，设立教学名师奖、优秀科研工作者奖等，对在教学和科研领域表现突出的教师进行公开表彰，增强教师的荣誉感和成就感。提供晋升机会，如职称晋升、担任学科带头人或行政领导职务等，激励教师不断提升自己的能力和业绩，为学校发展做出更大贡献。

4.培训与开发

（1）培训需求分析

运用培训与开发理论，首先要进行教师培训需求分析。通过对教师的教学能力、科研能力、专业知识水平等方面的评估，结合学校的发展目标和教师的个人发展规划，确定教师的培训需求。例如，通过教师教学效果评估、科研成果分析以及教师自我评估等方式，发现教师在教学方法创新、前沿知识掌握、科研项目申报等方面的不足，从而确定需要开展的培训内容。

（2）培训内容与方式选择

根据培训需求，设计相应的培训内容和选择合适的培训方式。培训内容可以包括教育教学理论与方法培训、学科前沿知识讲座、科研能力提升培训等。培训方式可以采用校内培训、校外进修、在线学习、学术交流等多种形式。例如，邀请教育专家来校开展教学方法改革讲座，组织教师参加国内外学术会议进行学术交流，选派教师到国内外知名高校或科研机构进修学习等，全面提升教师的综合素质和能力。

5.绩效管理

（1）绩效评估指标设计

绩效管理理论指导高校建立科学的教师绩效评估体系。绩效评估指标应涵盖教学工作、科研工作和社会服务等多个维度。在教学工作方面，指标可以包括教学工作量、教学质量（如学生评教结果、教学成果获奖情况等）、课程建设情况等。科研工作指标包括科研项目数量和级别、学术论文发表数量和质量、科研成果转化情况等。社会服务指标则可以根据教师参与社会咨询、行业培训、地方经济建设等活动的情况进行量化评估。

（2）绩效反馈与改进

绩效评估不是目的，而是促进教师发展的手段。通过绩效评估，及时向教师反馈评估结果，帮助教师了解自己的优势和不足。教师可以根据反馈信息，制定个人的改进计划，学校也可以为教师提供相应的支持和资源，促进教师在教学、科研和社会服务等方面不断改进和提高。例如，若教师在教学方法上存在问题，学校可以安排教学导师进行一对一指导，或者提供参加教学方法培训的机会，帮助教师提升教学水平。

（二）激励理论

1.马斯洛需求层次理论

马斯洛需求层次理论是美国心理学家亚伯拉罕·马斯洛于1943年在《人类动机理论》论文中提出的。该理论认为，人类的需求是有层次之分的，这些需求像阶梯一样从低到高按层次逐级递升，当低层次的需求得到满足后，人们才会追求更高层次的需求。这一理论为理解人类的行为动机提供了一个基本框架，在包括高校教师队伍建设等诸多领域都具有重要的指导意义（图8-1）。

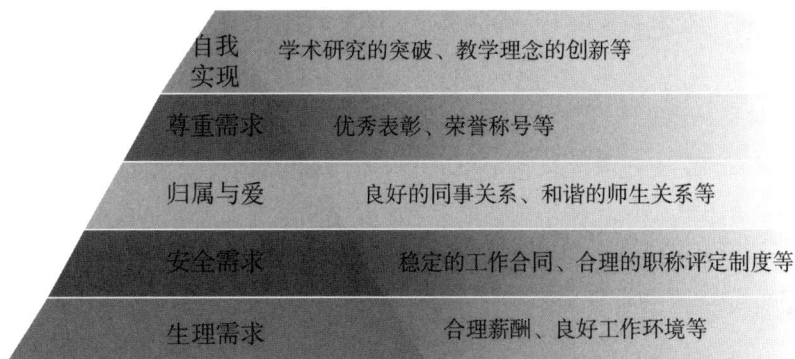

图8-1 高校教师队伍建设——马斯洛需求层次

（1）生理需求

这是人类最基本、最强烈的需求，主要包括对食物、水、空气、睡眠、性等维持生命和身体基本机能的需求。在高校教师队伍建设中，生理需求主要体现为教师对合理薪酬的需求。薪酬是教师维持自身和家庭生活的基本保障，能够满足他们在衣食住行等方面的基本开支。学校需要提供具有竞争力的工资水平，确保教师能够在所在地区过上相对舒适的生活。同时，良好的工作环境，如舒适的办公空间、适宜的教学设施等也在一定程度上满足教师的生理需求。这些条件能够让教师在工作过程中不会因为基本生活需求未得到满足而产生焦虑，从而能够更专注地投入教学和科研工作中。

（2）安全需求

安全需求是人们对人身安全、健康保障、资源所有性、财产所有性、道德保障、工作职位保障、家庭安全等方面的需求。对于高校教师来说，安全需求主要表现在工作的稳定性和职业的安全性上。学校应提供稳定的工作合同和合理的职称评定制度，让教师不用担心因为不合理的原因而失去工作。例如，通过建立公平公正的教师考核和晋升机制，使教师明确只要自己达到一定的教学、科研和社会服务标准，就能够在学校中稳定地工作并获得相应的职业发展。同时，学校还应为教师提供健康保险、安全的工作环境等，保障教师的身心健康和工作安全。

（3）归属与爱的需求

这一层次的需求包括对友情、爱情以及隶属关系的需求。人们渴望得到家庭、团体、朋友、同事的关怀和爱护，希望自己归属于某个群体并在其中获得情感上的支持。在高校教师群体中，归属与爱的需求主要体现为良好的人际关系和团队氛围。学校可以通过组织各种教师团队活动、学术交流活动等方式，促进教师之间的交流与合作，增强教师的归属感。例如，设立教师工作坊、学科团队建设活动，让教师在交流学术观点的同时建立良好的人际关系。

此外，和谐的师生关系也能满足教师在归属与爱的需求方面的部分内容，教师在与学生的互动中感受到自己的价值和被需要。

（4）尊重需求

尊重需求包括自我尊重、信心、成就、对他人尊重、被他人尊重等方面。对于高校教师而言，尊重需求体现为对自身学术地位的认可、教学成果的肯定以及在学校和社会中的声誉。学校可以通过表彰优秀教师、授予荣誉称号等方式来满足教师的尊重需求。例如，设立教学名师奖、科研突出贡献奖等，对在教学和科研工作中表现出色的教师给予公开表彰和奖励。同时，在学校的决策过程中，尊重教师的意见和建议，让教师感受到自己作为专业人士的价值和地位，这也有助于满足他们的尊重需求。

（5）自我实现需求

自我实现需求是最高层次的需求，它是指人们追求实现自己的能力或者潜能，并使之完善化的需求。在这个层次上，人们希望能够发挥自己的最大潜力，完成与自己能力相称的事情，成为自己所期望的人。对于高校教师来说，自我实现需求主要体现在学术研究的突破、教学理念的创新以及对学生成长成才的深远影响等方面。学校可以为教师提供充足的科研资源和自由的学术空间，支持教师开展前沿性的研究项目。例如，设立科研基金、提供实验室设备和研究助手，鼓励教师在自己的研究领域深入探索，追求学术上的创新和突破。在教学方面，鼓励教师尝试新的教学方法和课程设计，对教师的教学改革给予支持和肯定，帮助教师在教学过程中实现自己的教育理想，满足自我实现的需求。

2.赫茨伯格双因素理论

赫兹伯格双因素理论，也称为激励－保健理论。该理论认为，存在两类不同的因素影响着人们的工作行为和工作态度（图8-2）。

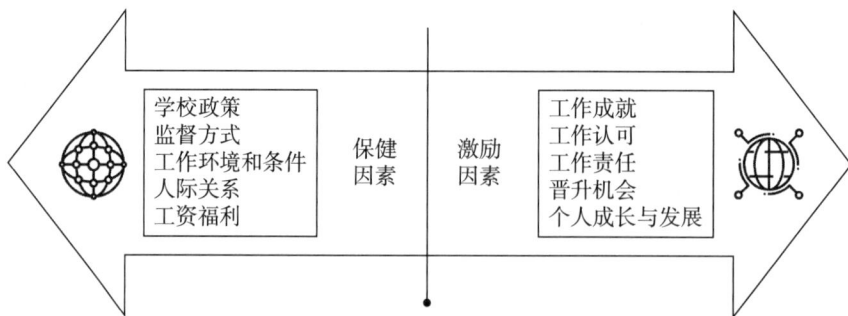

图 8-2　高校教师队伍建设——双因素理论

保健因素：这些因素主要与工作环境和工作条件有关。当保健因素得到满足时，员工不会产生不满情绪，但也不会被激励，只是处于一种没有不满意的状态。就好像这些因素是维持员工工作基本满意度的"保健药"，可以预防员工产生消极情绪。例如，在高校教师工作中，合理的工资待遇、安全舒适的工作环境（如整洁的办公室、良好的教学设施）、明确的学校政策和行政管理（如合理的工作时间安排、公平的请假制度）等都属于保健因素。如果这些因素得不到满足，教师可能会对工作产生不满，如工资发放不及时、教学设备陈旧等情况会引发教师的抱怨。

激励因素：激励因素主要与工作本身有关，涉及工作的成就、认可、责任、晋升机会和个人成长等方面。当这些因素得到满足时，能够激发员工的工作积极性和工作满意度，使员工产生积极向上的工作动力。例如，对于高校教师来说，获得教学成果奖得到的认可、承担重要科研项目带来的责任感、在学术领域晋升职称获得的成就感，以及参与各种培训和学术交流活动促进个人成长等都属于激励因素。这些因素能够让教师从内心深处感受到工作的价值和意义，从而更加投入地工作。

3. 期望理论

期望理论是一种激励理论，它由美国心理学家维克托·弗鲁姆提出。该理论认为，人们采取某种行动的动力或激励力取决于他们对行动结果的价值评价（效价）和对该行动导致结果可能性的预期（期望值）。简单来说，个体是否会努力工作，取决于他们认为自己的努力是否会带来有价值的回报。

效价是指个体对某种结果的偏好程度，或者说这种结果对于个体的价值大小。在高校教师队伍建设的情境中，效价体现为教师对各种激励因素（如薪酬、晋升、荣誉、工作环境等）的主观评价。例如，对于一位非常重视学术研究的教师来说，在高水平学术期刊发表论文所带来的成就感（效价）可能很高；而对于更重视教学工作的教师，获得教学优秀奖的价值（效价）就很大。

影响效价的因素主要有个人价值观与需求层次。一方面，不同的教师有不同的价值观，这会导致他们对相同激励因素的效价评价不同。比如，有些教师更看重物质回报，那么薪酬的提升对他们就有较高的效价；而有些教师更追求精神满足，如得到学生和同行的认可，所以荣誉称号对他们的效价更高。另一方面，人的需求从低到高包括生理需求、安全需求、社交需求、尊重需求和自我实现需求。教师所处的需求层次会影响他们对激励因素的效价判断。例如，对于刚入职的年轻教师，可能更关注薪酬、工作稳定性等基本需求的满足，此时较高的基本工资和稳定的工作环境对他们有较高的效价；而资深教师可能更关注自我实现需求，像参与重大科研项目、获得学术荣誉等激励因素的效价就更高。

期望值是指个体对自己的行为能够导致某种结果的概率估计。在高校教师工作中，期望值体现为教师认为自己通过努力工作（如认真教学、积极科研等）能够获得某种期望结果（如教学优秀奖、科研项目资助等）的可能性。例如，一位教师如果认为自己努力改进教学方法后有很大机会获得教学优秀奖，那么他对获得该奖项的期望值就高；反之，如果他觉得即使自己很努力，也很难获得科研项目资助，那么他对这一结果的期望值就低。

影响期望值的因素主要有个人经验与能力以及外部环境。一方面教师的专业知识、教学能力、科研能力以及过去的经验等会影响期望值。能力较强、经验丰富的教师通常对自己能够达成目标有较高的期望值。例如，一位有着多年科研经验且成果丰硕的教师，在申请新的科研项目时，基于自己的能力和以往的成功经验，会对获得项目资助有较高的期望值。另一方面，学校的政策、资源支持、竞争程度等外部环境也会影响期望值。如果学校提供充足的科研经费、良好的实验设备，并且在科研项目申报中给予教师足够的指导和支持，教师对获得科研项目的期望值就会增加。相反，如果学校的竞争环境过于激烈，资源有限，教师可能会对获得某些激励因素（如晋升机会）的期望值降低。

（三）教师专业发展理论

1. 教师生命周期理论

教师生命周期理论是一种描述教师在其职业生涯中所经历的不同阶段及其特点的理论。它将教师的职业发展看作是一个连续的、动态的过程，就像生命的周期一样，每个阶段都有其独特的任务、需求、挑战和成长机会。这一理论有助于深入理解教师在不同时期的专业发展状态，为高校教师队伍建设提供针对性的支持和引导。

按照生命周期理论，可将教师的专业发展分为：职前准备阶段—入职适应阶段—成长发展阶段—成熟稳定阶段—职业倦怠和高原期阶段—职业退出阶段（图8-3）。

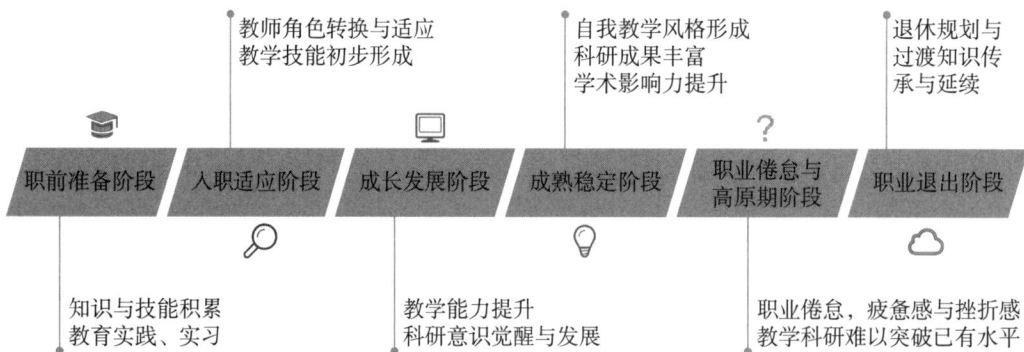

图 8-3　教师专业发展生命周期

2. 教师知识转型理论

教师知识转型理论主要是关注教师知识在不同情境和时代背景下的性质、结构及转化过程。它强调教师的知识不是静态的，而是随着教育理念的更新、学科知识的发展、教学实践的变化等因素动态演变的。这一理论旨在理解教师如何从传统知识形态向适应现代教育要求的知识形态转变，以提升教师的专业素养和教育教学能力。

（1）知识性质的转变

从理论性知识为主到实践性知识凸显：传统观念下，教师知识侧重于理论性知识，如学科专业知识和教育教学的基本原理。然而，随着教育实践的发展，教师的实践性知识变得越来越重要。实践性知识是教师在教学实践中积累的关于如何教的知识，包括课堂管理技巧、教学策略选择、对学生学习风格的了解等。

从确定性知识到不确定性知识的重视：过去，教师知识被认为是确定性的，有固定的答案和标准。但在现代教育情境下，知识的不确定性受到更多关注。这是因为教育问题变得越来越复杂，教学场景具有多样性，学生的个体差异也更加明显。教师需要面对不确定的知识，如对于开放性问题的引导、对新兴学科知识边界的探索等。

（2）知识结构的转型

学科知识与教育知识的融合加深：传统的教师知识结构中，学科知识和教育知识相对独立，但教师知识转型理论强调两者的深度融合。教师不仅要精通学科专业知识，还要善于运用教育知识将学科知识有效地传授给学生，如通过类比、实验演示等方式，帮助学生理解抽象的概念。

跨学科知识纳入知识结构：现代教育要求教师具备跨学科知识。随着学科交叉融合的趋势日益明显，教师需要将跨学科知识纳入自己的知识结构。例如，在环境科学课程教学中，教师可能需要整合化学、生物学、地理学等多个学科的知识。同时，在教学方法上也可能借鉴其他学科的教学模式，以丰富教学内容和形式，培养学生的综合思维能力和跨学科解决问题的能力。

（3）知识转化过程

知识的内化与外化：知识的内化是指教师将外部的教育理念、学科新知识等吸收并转化为自己的知识体系的过程。这需要教师通过学习、培训、阅读等方式获取新知识，然后在自己的思维中进行加工和整合。例如，教师学习了新的教育技术理念后，将其与自己已有的教学知识相结合，形成自己对新技术应用的理解。知识的外化则是教师将内化后的知识应用于教学实践的过程，如教师在课堂上运用新的教学方法进行教学，将自己所理解的知识传授给学生。

个体知识与群体知识的互动：在教师群体中，知识的转化还包括个体知识与群体知识的相互作用。个体教师的知识通过交流、合作等方式可以转化为群体知识。例如，一位教师在教学实践中摸索出一种有效的课堂管理技巧，通过教学研讨会等形式分享给其他教师，这种个体知识就成为群体知识的一部分。反过来，群体知识也可以为个体教师所吸收和利用。比如，学校组织教师团队共同研究新的教学模式，个体教师可以从团队的研究成果中获取新的知识，更新自己的知识体系。

三、强化基层教学组织建设

高校教师队伍建设是提高高等教育质量的关键环节。在这一建设过程中，基层教学组织作为最贴近教学一线的组织形式，有着不可忽视的作用。它为教师的教学活动、专业发展等提供了重要的平台，对教师队伍整体素质的提升有着深远影响。

（一）发挥基层教学组织的作用

1.教学质量保障作用

（1）课程建设与优化

基层教学组织是课程建设的核心力量。教师们在组织内共同研讨课程目标、内容和教学大纲，确保课程体系的科学性和合理性。同时，基层教学组织为教师提供了集体备课的平台。在集体备课过程中，教师们能够深入研讨课程内容，分享教学资料和教学经验。例如，针对某专业的核心课程，基层教学组织成员一起分析行业发展趋势对课程知识的新要求，及时更新和补充课程内容，避免知识陈旧。他们还会对课程的先后顺序、难易程度衔接进行优化，使整个课程体系更加连贯，为学生系统学习提供保障。

（2）教学过程规范与监督

基层教学组织能够规范教学过程。成员之间可以互相观摩教学，分享教学经验和技巧，促进教学方法的改进。比如，新教师可以在组织内老教师的指导下，学习如何有效导入课程、如何组织课堂讨论等教学技能。同时，基层教学组织还承担着教学质量监督的职责，通过同行评议等方式对教师的教学质量进行检查，对存在的问题及时提出改进建议，保证每一位教师的教学都能达到一定的标准。

2.教师专业发展促进作用

（1）经验传承与交流

在基层教学组织中，老教师的教学经验可以有效地传承给年轻教师。老教师可以分享自己多年来在教材选用、教学设计、学生辅导等方面的宝贵经验，帮助年轻教师少走弯路。同时，教师之间可以交流各自在教学和科研中的心得，促进整个组织教师教学水平的提升。

（2）合作与共同成长

基层教学组织是教师学术交流的重要场所。教师们可以在这里分享自己的科研成果、研究思路和学术见解。也可以共同申报教学改革项目、开展教学研究。例如，针对当前学生实践能力培养的问题，组织内的教师可以联合起来，设计新的实践教学方案，并共同实施和评估。这种合作不仅有利于解决教学中的难题，还能让教师在合作过程中相互学习、相互促进，提升自己的专业素养和能力。

（3）传承和培育教学文化

基层教学组织是教学文化传承的重要载体。老教师的敬业精神、教学态度和对教育事业的热爱可以在组织内传递给年轻教师。这种教学文化的传承有助于营造良好的教学氛围，让年轻教师树立正确的教育价值观。同时，在组织中形成的对教学质量的追求、对学生的关怀等文化元素，也会不断培育和发展，增强教师队伍的凝聚力和归属感。

3. 学科建设支撑作用

（1）学科方向凝练

基层教学组织有助于学科方向的凝练。组织内的教师通过讨论本学科的发展趋势、社会需求和学校的学科定位，明确学科发展的重点方向。例如，在一个理工科基层教学组织中，教师们根据行业对创新人才的需求和学校的科研优势，确定将某一前沿技术领域作为学科发展的主攻方向之一，集中资源和力量开展研究和教学工作，为学科建设找准着力点。

（2）学科资源整合与共享

基层教学组织可以整合学科教学和科研资源。教师们可以共享实验室、教学设备、图书资料等资源，提高资源的利用率。同时，在组织内还可以整合教师的科研项目和研究成果，形成学科优势。例如，不同教师的科研项目可能在某一研究方向上有交叉，通过组织内的协调，可以实现项目的联合申报和研究，提升学科在该领域的影响力和竞争力。

4. 人才培养协同作用

（1）培养方案的制定与完善

基层教学组织在人才培养方案的制定和完善中发挥重要作用。教师们结合学科知识体系、社会对人才的需求以及学生的特点，共同设计人才培养方案。例如，根据市场对复合型人才的需求，组织内的教师来自不同学科背景，他们共同商讨在培养方案中增加跨学科课程、实践课程的比重，确定各课程的学分和教学要求，使培养方案更符合人才培养目标。

（2）学生指导与个性化培养

基层教学组织有利于对学生进行指导和个性化培养。教师可以共同为学生提供学业指导、职业规划建议等。例如，对于有特殊学习困难的学生，组织内的教师可以一起分析原因，制定个性化的辅导计划。对于有不同职业规划的学生，教师们也能结合自身的经验和行业信息，为学生提供针对性的发展建议，促进学生的全面发展。

（二）当前基层教学组织面临的主要问题

1. 组织功能弱化

（1）集体备课形式化

在一些基层教学组织中，集体备课逐渐成为一种形式。教师们虽然坐在一起讨论课程，但缺乏深入的交流和实质性的内容更新。部分教师可能只是被动参与，没有真正投入精力去思考和改进教学内容，导致集体备课不能发挥优化教学内容、统一教学标准的作用，从而影响教学质量。例如，备课过程可能只是简单地核对教学进度，而没有对教学内容进行深度剖析，如何将最新的学术研究成果融入教学，如何针对不同层次的学生调整教学方法等问题没有得到充分探讨。

（2）教学质量监督缺失

基层教学组织对教学质量的监督功能有所弱化。在部分高校，基层教学组织没有建立起完善的教学质量监督机制，或者即使有相关制度，也没有严格执行。对于教学质量问题缺乏有效的跟踪措施和整改措施。当发现教师教学质量不达标时，没有相应的帮扶机制来帮助教师改进教学，使得教学质量问题得不到及时解决，长此以往，影响整体教学质量。例如，同行听课制度可能只是为了完成任务而进行，听课教师没有认真地对授课教师的教学质量进行评估，没有及时反馈教学中存在的问题，如教学方法是否得当、教学目标是否达成等。

（3）学科知识传承受阻

当组织内部缺乏有效的沟通和协作机制时，教师之间关于学科知识的交流减少，学科传统知识和前沿知识的传递可能出现断层。此外，对于学科知识的更新也不够及时，教师不能主动及时了解学科发展的最新动态，在教学过程中不能将新的学科知识融入课程，使得学生所学知识与学科前沿脱节，不利于学科的持续发展。

2.组织活力不足

（1）活动形式单一

很多基层教学组织活动局限于常规的教学工作安排会议，如传达学校教学管理规定、分配教学任务等。缺乏多样化的活动形式，例如学术沙龙、教学工作坊、教学案例分享会等比较生动且富有成效的活动开展得较少。这种单一的活动形式难以激发教师的参与热情，不能充分发挥基层教学组织在教学研究和教师成长等方面的作用。对于新的教学理念和方法的学习，往往是通过简单的文件传达或者报告形式进行，只是简单地介绍概念，而没有组织教师进行实际的教学设计研讨或者观摩成功案例，导致教师对新教学模式的理解和应用不够深入。

（2）教师参与积极性不高

部分教师对基层教学组织活动的重要性认识不足，认为参加活动会占用自己的科研和教学准备时间。特别是一些科研任务较重或者教学工作量较大的教师，参与基层教学组织活动的意愿较低。例如，对于教学经验丰富的教师，他们可能觉得自己已经掌握了足够的教学方法，不需要再参加组织内的教学研讨活动；而对于科研型教师，他们更倾向于将时间投入科研项目中。

（3）师生互动机制不完善

教师之间缺乏信息共享，不能全面了解学生的情况，难以制定个性化的人才培养策略。开展师生互动活动的动力不足，基层教学组织没有积极组织师生互动活动，如学术讲座、师生座谈会等活动的频次减少，质量也难以保证，导致师生关系不够紧密，影响人才培养质量。

3.组织凝聚力不强

（1）成员沟通协作障碍

基层教学组织成员之间可能存在学科背景、年龄、教学理念等方面的差异，这些差异如果处理不当，会导致沟通协作困难。另外，缺乏有效的沟通平台和机制。一些基层教学组织没有固定的交流场所或者线上交流平台，教师之间的交流仅限于偶尔的碰面或者临时会议。这使得信息传递不及时，教学经验和学术资源无法得到及时共享，教师之间难以形成紧密的协作关系。

（2）缺乏共同目标与愿景

部分基层教学组织没有明确的发展目标和共同愿景，组织活动比较零散，没有围绕一个核心目标展开。例如，在组织课程建设活动时，没有将课程建设与专业发展、人才培养目标紧密结合起来，导致教师对课程建设的方向和重点把握不准，只是完成各自的教学任务，而没有从整体上提升课程质量和专业水平的意识。教师个人的职业发展目标与基层教学组织的目标不一致。教师可能更关注个人的教学效果、科研成果和职称晋升，而没有将自己的发展与组织的发展联系起来。例如，在组织开展教学团队建设项目时，教师可能因为担心个人利益受损（如成果归属、工作量分配等问题）而不能全身心投入，影响组织的凝聚力和团队建设效果。

4.组织资源匮乏

（1）经费支持不足

基层教学组织活动经费有限，难以开展高质量的教学研究和教师培训活动。同时存在经费分配不合理现象，可能导致一些基层教学组织活动受到不公平对待。比如，重点学科或者优势专业的基层教学组织更容易获得经费支持，而一些新兴学科或者基础学科的组织经费紧张，这在一定程度上影响了这些学科教师参与教学改革和专业建设的积极性。

（2）硬件设施欠缺

缺乏专门的教学研讨场所。教师们可能只能在临时借用的教室或者办公室进行简短的交流，没有一个固定、舒适的环境来开展长时间、深入的教学研讨活动。有些高校教学资源共享的硬件设施不完善，如没有建立良好的教学资源共享平台，教师之间难以方便地分享教学资料、教学软件等资源。这不利于教学经验的传播和教学方法的推广，也限制了教师之间的交流与合作。

（3）激励机制缺乏

基层教学组织活动缺乏有效的激励机制。教师参与活动的成果没有在绩效评估、职称评定等方面得到充分体现。例如，教师花费时间和精力参与教学改革研讨并提出了有价值的建议，但这些付出在其职业发展评价中没有得到应有的认可，这也导致教师参与的积极性受挫。

（三）发挥基层教学组织作用的关键点

1. 明确目标与定位

保障自主权：高校要进一步明确基层教学组织的功能和定位，强调其在教师教学发展中的核心作用。制定相关规章制度，保障基层教学组织在教学研讨、教学改革、教师培训等方面的自主权，减少行政事务对其的干扰。

与学校整体战略相结合：基层教学组织的目标和定位要紧密结合学校的办学理念、发展战略和人才培养目标。例如，如果学校致力于培养应用型人才，基层教学组织就应将重点放在实践教学环节的优化和教师实践教学能力的提升上，确保组织的工作方向与学校的整体战略一致。

体现学科专业特色：每个基层教学组织都应根据自身学科专业的特点来明确其在教学、科研和人才培养等方面的独特定位。比如，在工科基层教学组织中，要突出工程实践能力和技术创新能力的培养；在文科基层教学组织中，则注重人文素养的熏陶和思维能力的训练。

2. 优化组织架构与运行机制

合理的组织架构设计：建立一个科学合理的组织架构是发挥基层教学组织作用的基础。组织架构应根据学科专业的规模、教师人数和课程体系等因素进行设计，确保组织内部沟通顺畅、分工明确。例如，可以采用课程组、教研室等不同的组织形式，或者根据学科方向设立不同的教学团队。

高效的运行机制保障：运行机制包括会议制度、决策机制、资源分配机制等。高效的运行机制能够保障基层教学组织的工作有序开展。例如，建立定期的教学研讨会制度，让教师能够及时交流教学经验和教学问题；完善决策机制，在课程改革、教学资源购买等事项上能够民主决策，充分发挥教师的积极性和主动性。

完善的激励机制促动：建立完善的激励机制，提高教师参与基层教学组织活动的积极性。例如，将教师参与基层教学组织活动的表现纳入教学评价体系，作为职称评定、评优评先的重要依据之一。对于在教学改革、教学能力提升等方面表现突出的教师或团队给予表彰和奖励。

3. 加强团队建设

成员的合理构成：基层教学组织的成员应具有合理的年龄、职称、学科背景等结构。老中青教师相结合，有利于知识传承和创新；不同职称的教师相互协作，可以发挥各自的优势；跨学科背景的教师能够促进学科交叉融合。例如，在一个基层教学组织中，既有教学经验丰富的教授，又有充满活力的青年教师，还有来自不同相关学科的教师，这样的团队结构能够更好地开展各项工作。

团队凝聚力培养：注重培养团队的凝聚力，营造良好的团队氛围。通过组织团队建设活动、开展合作项目等方式，增强教师之间的信任和合作意识。例如，定期组织教师参加户外拓展活动，或者共同申报教学改革项目，让教师在活动和合作中增进感情，提高团队的凝聚力。

四、高校教师队伍建设策略

（一）加大骨干教师队伍建设力度，构建合理学术梯队

新时代背景下，高校教师队伍建设尤为关键，它不仅关乎教学质量和科研创新能力的提升，更是影响高等教育竞争力的重要因素。加大骨干教师队伍建设力度能够为高校教学科研树立标杆，而构建合理学术梯队则是保障高校学科可持续发展的基础。

1.骨干教师的支持关键与策略

骨干教师通常具有丰富的教学经验和高超的教学技巧。他们能够深入理解课程内容，将复杂的知识以清晰易懂的方式传授给学生；还能在教学方法上不断创新，为其他教师树立榜样，带动整个教师队伍教学质量的提升。科研方面，骨干教师是高校科研创新的主力军。他们具有深厚的学术造诣和敏锐的科研洞察力，能够把握学科前沿问题，往往承担着国家级或省部级科研项目，其研究成果不仅能推动学科领域的发展，还能为高校赢得学术声誉。同时，骨干教师能够组建科研团队，带领青年教师开展科研工作，培养科研人才，促进科研成果的转化和应用。

（1）精准选拔

高校应加大骨干教师队伍建设力度，一方面应建立科学合理的骨干教师选拔机制，选拔标准应综合考虑教学水平、科研能力、师德师风等因素。教学水平方面，可以通过学生评价、同行评价、教学成果（如教学奖项、精品课程建设等）来衡量；科研能力则依据科研项目级别、科研论文质量和数量、科研成果转化情况等进行评估。师德师风是选拔的重要前提要素，要求教师具有良好的职业道德和敬业精神，通过公开、公平、公正的选拔程序，选出真正优秀的骨干教师。

（2）系统培养

高校要积极为骨干教师提供丰富的培养和发展机会。在学术方面，支持他们参加国际国内高水平学术会议，拓宽学术视野，与国际前沿研究接轨。鼓励他们到国内外知名高校或科研机构访学进修，开展合作研究，提升学术水平。在教学方面，组织骨干教师参加教学培训和研讨活动，如教学方法创新培训、课程设计研讨会等，使他们能够不断更新教学理念和方法。

同时，可建立校内骨干教师培训基地，定期开展培训活动。培训内容包括：教育理论更

新、现代教育技术应用、领导能力培养等。在此基础上，可为骨干教师配备导师，导师可以是校内资深教授或校外知名专家，为骨干教师提供一对一指导，助力其在教学科研上的成长与发展。

（3）有效激励

高校要建立完善的激励机制，设立专项经费用于骨干教师的科研和教学项目，为骨干教师的发展提供资源保障，对其在薪酬待遇、职称晋升、荣誉授予等方面给予适当倾斜。骨干教师的评价应不仅仅局限于教学和科研业绩，更应包括对于学生发展的贡献以及教师的社会服务等多方面表现。通过调整收益分配机制和学术奖励政策，围绕教师团队的学术成果给予合理回报，从经济利益和职业荣誉两方面激发教师不断向学术深度和教学质量高标准挑战。

2. 学术梯队的建设关键与策略

合理的学术梯队是学科可持续发展的关键，有利于教学科研的协同发展，有助于提升高校的整体竞争力。它涵盖了不同年龄层次、职称层次和学术水平的教师。老教师的经验和智慧能够为学科发展提供战略指导，把握学科发展方向；中年教师作为学科建设的中坚力量，承担着大量的教学科研任务，推动学科发展；青年教师富有创新精神和潜力，为学科发展带来新的思路和方法。这种梯队结构能够保证学科知识的传承和创新，使学科在不同发展阶段都有持续的动力。

（1）规划梯队结构

根据学科发展战略和学校整体规划，确定学术梯队的理想结构。一般包括领军人物、核心骨干教师、中青年学术骨干和青年后备人才等不同层次。例如，在重点学科建设中，学科领军人物应在国内外本学科领域具有较高知名度和影响力，能够引领学科发展方向；核心骨干教师是在教学科研中发挥关键作用的中坚力量；中青年学术骨干是具有较大发展潜力的教师群体；青年后备人才则是指刚入职或入职不久但具有培养前途的年轻教师。

结合学科特点和发展阶段，合理确定各层次人才的比例。对于发展成熟的传统学科，各层次比例可以相对稳定；对于新兴学科，可适当增加青年后备人才的比例，以保障学科发展的活力和潜力。同时，注重不同学科间梯队结构的平衡，避免出现学科发展的不平衡现象。另一方面要加强对现有教师的内部培养，促进学术梯队的衔接。为青年教师制定个性化的培养计划，包括安排导师指导、参加学术培训、参与科研项目等，帮助他们尽快成长为学科发展的后备力量。对于中年教师，提供晋升发展的机会和平台，鼓励他们在教学科研中发挥更大的作用。建立合理的人才流动机制，促进教师在不同学科、不同岗位之间的流动，优化学术梯队结构，实现人才资源的有效配置。

（2）人才引进与培养

人才引进要依据梯队建设的需求，有针对性地引进高层次人才。对于学科发展的薄弱环节或空白领域，引进具有国际视野、掌握前沿技术的学科带头人或学术骨干。在人才引进过程中，注重人才与本校学科文化、团队氛围的融合度，确保引进人才能够快速融入并发挥积极作用。

加强对现有教师的培养，形成人才成长的良性循环。为青年教师制定成长路线图，提供丰富的培训和实践机会，如安排青年教师参与老教师的科研项目，担任助教积累教学经验，鼓励他们攻读更高学位、参加国内外学术交流等。对于中青年学术骨干，提供独立主持科研项目的机会，支持他们组建科研团队，提升其在学科领域的影响力。

（3）促进协作与交流

高校要积极开展学术团队建设，以学科带头人为核心，组建不同层次教师参与的科研和教学团队。通过团队建设，加强教师之间的协作与交流，促进知识和经验的共享。在教学团队中，共同开展课程建设、教学改革等活动，鼓励跨学科团队建设，培养教师的跨学科能力，拓展学科发展空间、提高教学质量。在科研团队中，明确各成员的职责和分工，开展协同攻关，提高科研创新能力。

同时可以通过搭建多样化的交流平台，促进学术梯队成员的思想碰撞和知识共享。如定期举办学术研讨会、学术沙龙、教学经验交流会等活动，鼓励教师分享最新研究成果、教学心得和学科前沿动态。此外，利用现代信息技术，建立校内学术交流网络平台，方便教师随时随地进行交流和讨论，增强梯队的凝聚力和协同创新能力。

（二）以"品牌建构"理念建设基层教学组织

基层教学组织作为教师开展教学活动、学术交流和专业发展的基本单位，其建设意义重大。以"品牌构建"理念建设基层教学组织，能够为高校教师队伍注入新的活力，提升整体竞争力，促进教育教学和科研水平的提高。

1. "品牌建构"理念的优势

当基层教学组织以品牌建设为目标时，其成员会围绕共同的价值和目标努力。教师们对组织的认同感会增强，形成独特的组织文化，有助于教师提升凝聚力和归属感。例如，一个以教学改革创新为品牌特色的教研室，教师们会为了共同实现这一目标而团结协作，这种凝聚力有助于克服个体主义，形成强大的团队合力，让教师们在组织中有更强的归属感。

品牌建设能够促使基层教学组织关注教学质量的持续改进。以品牌为导向，组织会不断优化教学内容、创新教学方法、严格教学管理。例如，打造精品课程品牌的基层教学组织，会深入研究课程体系，精心设计教学环节，引入前沿案例和教学技术，从而提高学生的学习体验和学习效果，培养出更具竞争力的学生。

具有品牌意识的基层教学组织更注重科研成果的质量和影响力。通过树立科研品牌目标，组织内教师可以整合资源，聚焦学科前沿问题，开展深入的研究。同时，品牌建设鼓励创新思维，组织成员为了突出品牌特色，会积极探索新的研究方向和方法，推动科研成果的转化和应用，提升组织在学术界的地位。

此外，一个有品牌影响力的基层教学组织对优秀人才具有强大的吸引力。无论是新入职教师还是外部优秀人才，都更愿意加入具有良好声誉和发展前景的组织。而且，在品牌建设过程中，组织会为教师提供更好的发展机会和资源，如培训、学术交流等，从而提高教师的忠诚度，留住人才。

2.以"品牌构建"理念建设基层教学组织的具体实践

（1）明确品牌定位

基层教学组织要深入分析自身在教学、科研、师资等方面的优势。例如，有的教研室在某一学科领域有深厚的学术积淀，拥有一批高水平的专家学者；有的教学团队在实践教学方面有丰富的经验和独特的资源。通过对这些优势的梳理，确定品牌建设的方向。

同时，品牌定位要与学校的发展战略和社会对人才的需求相结合。如果学校重点发展应用型人才培养，基层教学组织可以围绕实践教学能力提升、产学研合作等方面打造品牌；如果社会对某一学科的创新人才需求旺盛，基层组织则可以将品牌定位在创新人才培养和学科前沿研究上。

（2）打造特色品牌文化

基层教学组织的建立要体现品牌特色的价值观念体系。如以传承和创新传统文化为品牌的基层教学组织，要倡导对传统文化的尊重、热爱和传承精神，同时鼓励在教学和科研中对传统文化进行现代创新。通过组织内部的培训、研讨等活动，让这些价值观念深入人心。

（3）强化品牌建设的核心要素

一方面，基层教育组织要重视师资队伍的优化，为教师提供个性化的专业发展计划。对于教学型品牌组织，要加强教师的教学技能培训，如教学设计、教学方法创新等；对于科研型品牌组织，要支持教师参加高水平学术会议、开展国际合作研究，提升科研能力。

另一方面，要创新教学与科研，探索符合品牌特色的教学模式。例如，以培养创新思维为品牌的组织可以采用项目式教学、问题导向教学等方法，鼓励学生自主探究和解决问题。同时，利用现代教育技术，如虚拟实验室、在线教学平台等，丰富教学资源和教学手段。

（4）加强品牌宣传与推广

通过内部宣传与外部推广的手段，增强基层教学组织的参与度与影响力。学校内部，通过组织内部会议、校报、校园网等渠道宣传基层教学组织的品牌建设成果。例如，定期在校园网上发布组织的教学改革案例、科研成果、教师风采等内容，提高组织在学校内的知名度和美誉度。学校外部，积极参加国内外学术会议、教育展览等活动，展示组织的品牌特色和优势。

（三）注重专业发展的"教师自组织"

在高校教师队伍建设的复杂体系中，传统的行政主导模式在满足教师专业发展需求方面存在一定局限。而"教师自组织"作为一种由教师自发形成、以专业发展为核心的组织形式，为高校教师队伍建设开辟了新的途径，能够更有效地激发教师的积极性和主动性，促进其专业成长。

1."教师自组织"的意义

（1）满足教师个性化发展需求

高校教师在专业背景、教学风格、研究兴趣等方面存在显著差异。教师自组织基于教师自身的意愿和需求形成，能够更好地满足这些个性化特点。例如，对于热衷于教育技术应用的教师，他们可以在自组织中深入探索在线教学平台的创新使用、虚拟现实在教学中的应用等，而不受统一培训内容的限制，从而实现真正符合自身兴趣和发展方向的专业成长。

（2）激发教师的主动性和创造性

与传统的自上而下的组织安排不同，教师自组织是教师自主发起和参与的。这种自主性极大地激发了教师的内在动力。在自组织中，教师们为了共同的专业发展目标，如开展跨学科研究、改进特定课程的教学方法等，会积极主动地贡献自己的想法和资源。他们不再是被动地接受任务，而是成为专业发展的主导者，更有利于创造性地解决专业发展过程中的问题。

（3）促进知识共享与交流

教师自组织为成员提供了一个开放、平等的知识共享平台。不同学科、不同职称的教师在这里汇聚，打破了传统院系和学科的界限。例如，文科教师可以与理工科教师分享教学中的人文关怀经验，理工科教师则可以介绍实验教学的设计方法。这种跨学科、跨领域的交流能够产生知识的碰撞和融合，拓宽教师的视野，丰富教师的知识储备，为教学和科研带来新的思路。

（4）增强教师的团队协作能力

在教师自组织中，成员们为了实现共同的目标，如编写一本高质量的教材、举办一次成功的学术研讨会等，需要紧密协作。这种协作不同于行政命令下的合作，它是基于共同兴趣和自愿参与的。教师们在自组织中学会更好地沟通、分工和协调，增强团队协作能力。这种能力不仅有助于自组织内的活动开展，也会对教师在日常教学和科研团队中的合作产生积极影响。

2.基于"教师自组织"的高校教师队伍建设策略

（1）营造支持性的校园环境

高校应出台鼓励教师自组织发展的政策，承认其在教师专业发展中的积极作用。例如，为教师自组织提供一定的活动经费，在场地使用、设备借用等方面给予便利。同时，在教师评价体系中，认可教师在自组织中的参与和贡献，将其作为衡量教师专业发展的一个重要维度。同时，要积极营造开放、包容的校园文化，鼓励教师自主探索和创新。高校可以通过举办各类学术文化活动、表彰优秀教师自组织等方式，宣传教师自组织的价值和意义，消除教师对自组织可能存在的误解，让更多教师了解并愿意参与其中。

（2）加强自组织的引导与管理

高校相关部门可以协助教师成立自组织，为其提供必要的指导。在组织成立初期，帮助教师明确组织的目标、章程和活动计划。例如，对于一个以提升数学建模教学质量为目标的自组织，协助教师制定包括定期教学研讨、案例分析、参加竞赛指导等活动内容的计划，确保自组织有清晰的发展方向。

建立高校管理部门与教师自组织之间的定期沟通机制，了解教师自组织的发展需求和存在的问题。同时，协调不同自组织之间的关系，避免资源浪费和重复建设。例如，当多个自组织涉及相似领域的活动时，引导它们进行合作或资源共享，提高活动效率和质量。

（3）提供多样化的资源支持

高校图书馆、数据库等知识资源平台应向教师自组织开放，并根据自组织的需求提供针对性的资源推荐。同时，可为教师自组织提供多样化的培训资源，包括邀请外部专家举办讲座、组织内部培训师培训等。培训内容可以涵盖教育教学方法、科研技能、学术写作等多个方面，满足不同自组织的发展需求。例如，针对新成立的以教育技术应用为重点的自组织，邀请在线教育平台专家来校开展培训，提升教师的技术应用能力。

（4）搭建展示与推广平台

在校园网、校报等校内媒体上开辟专门的教师自组织展示专栏，定期报道教师自组织的活动成果、成员风采等。例如，展示某个教师自组织编写的教材、获得的教学改革成果，或者介绍成员在学术研究上的新突破，让更多师生了解教师自组织的工作和价值。

鼓励教师自组织参与校际交流活动和社会学术会议，推广其专业发展成果。高校可以组织教师自组织与其他高校类似组织进行交流合作，共同开展项目或举办研讨会。同时，积极向社会展示教师自组织在教育教学改革、科研创新等方面的成果，提升高校教师队伍的社会影响力。

（四）优化评价体系，健全激励机制

高校教师队伍的质量直接影响着高等教育的水平，而教师评价体系和激励机制在其中扮演着关键角色。合理的评价体系能够客观公正地衡量教师的工作表现，健全的激励机制则能充分调动教师的积极性和创造性，二者相辅相成，共同推动高校教师队伍建设向高质量发展。

1.构建多元化评价指标

（1）教学质量评价

教学效果：通过学生的学习成绩、知识掌握程度、能力提升情况等来衡量。例如，可以分析学生在课程前后的测试成绩变化，以及在实践操作、解决问题等能力方面的提升。同时，收集学生对教学内容理解和应用的反馈，以全面评估教学效果。

教学方法与手段：考查教师是否采用多样化、创新性的教学方法，如是否运用了案例教学、项目式教学、线上线下混合式教学等。还需关注教师对现代教育技术的应用情况，如多媒体教学资源的制作、在线教学平台的有效利用等。

课程设计与开发：评估教师对课程体系的构建、教学大纲的编写以及教材的选择或编写。优秀的课程设计应符合学科发展趋势、学生的学习需求和学校的人才培养目标，内容安排合理、具有逻辑性和系统性。

（2）科研水平评价

科研成果质量：不仅仅关注论文数量，更要重视论文发表的期刊级别、影响力因子等。对于著作，要考量其学术价值和创新性。同时，将专利、软件著作权等知识产权成果纳入评价范围，根据其应用前景和创新性进行评估。

科研项目参与度与主持能力：评价教师参与国家级、省部级等各级科研项目的情况，包括在项目中的角色、项目完成的质量和对学科发展的贡献。对于主持科研项目的教师，重点考查其项目申报书的质量、研究方案的可行性、团队组织协调能力以及项目的实际产出。

（3）社会服务评价

学科咨询与顾问服务：了解教师是否为政府部门、企业等提供专业领域的咨询建议，如参与行业标准制定、政策咨询等，以及这些建议对社会发展的实际影响力。

技术转移与成果转化：评估教师将科研成果转化为实际生产力的能力，包括专利转让、与企业合作开展技术研发和产业化项目等方面的情况，以及所创造的经济和社会效益。

社区教育与科普活动：考察教师参与社区教育、开展科普讲座、普及科学文化知识等社会公益活动的频率和质量，以衡量其对社会教育和文化传播的贡献。

2.丰富评价主体

（1）学生评价

设计科学合理的学生评价问卷，内容涵盖教师的教学态度、教学内容、教学方法、教学效果等多个维度。定期组织学生对教师进行评价，确保评价的及时性和有效性。同时，对学生评价结果进行科学分析，避免单一学生评价的主观性偏差。例如，可以通过统计分析学生评价的平均分、标准差等指标，了解学生评价的集中趋势和离散程度。

（2）同行评价

建立同行专家库，邀请校内外同专业或相近专业的教师参与评价。同行评价可以包括课堂观摩评价、教学资料审查、科研成果同行评议等方式。同行专家根据自身的教学和科研经验，对被评价教师的专业水平、教学能力和科研成果进行客观评价，为评价结果提供专业视角。

（3）自我评价

鼓励教师进行自我评价，引导教师反思自己的教学、科研和社会服务工作。教师可以根据自身的发展目标和工作计划，对自己的工作表现进行总结和评价，分析自己的优势和不足，提出改进措施和未来发展规划。自我评价可以作为整体评价的重要参考，促进教师的自我管理和自我发展。

（4）社会评价

对于参与社会服务较多的教师，可以收集来自政府部门、企业、社区等相关社会机构的评价。例如，政府部门对教师参与政策咨询工作的认可、企业对教师技术合作成果的反馈等，将社会评价纳入教师评价体系，使评价更加全面地反映教师的社会价值。

3. 完善评价周期与反馈机制

（1）评价周期的灵活性

高校应根据不同的评价指标和教师发展阶段，设定灵活的评价周期。对于教学质量评价，可以每学期或每学年进行一次，以便及时发现教学过程中的问题并加以改进。对于科研水平评价，由于科研项目周期较长，可以结合项目周期和阶段性成果进行评价，如在项目中期和结题时进行评估。对于社会服务评价，可以根据服务项目的具体情况，按年度或项目完成周期进行评价。

（2）评价反馈机制

建立及时有效的评价反馈机制，将评价结果及时反馈给教师本人，以得到及时解决与改进。反馈内容应详细、具体，包括优点和不足，同时提供改进建议和发展方向。通过评价反馈，帮助教师明确自己的工作状况，促进其不断改进和提高。

4. 健全激励机制

（1）薪酬体系优化

建立与教师评价结果挂钩的薪酬调整机制。根据教师在教学、科研、社会服务等方面的综合评价得分，合理调整教师的基本工资、岗位津贴等。对于表现优秀的教师给予更高的薪酬待遇，体现多劳多得、优劳优酬的原则。例如，在年度考核中，教学质量优秀且科研成果突出的教师可以获得更高比例的薪酬增长。

设立专项奖励基金，用于奖励在教学改革、科研创新、社会服务等方面有突出贡献的教师。奖励形式可以包括奖金、科研启动经费、教学设备购置补贴等。例如，对于成功申请国家级科研项目的教师，给予一定金额的科研启动经费奖励；对于在教学方法创新方面取得显著成果的教师，给予教学设备购置补贴，鼓励其进一步开展教学改革实践。

（2）福利待遇提升

改善教师的工作和生活条件，提供具有竞争力的福利待遇。如提供舒适的办公环境、充足的科研办公设备等。在生活方面，提供住房补贴、子女教育优惠、医疗保健等福利，解决教师的后顾之忧，使其能够全身心地投入教学和科研工作中。

（3）荣誉表彰

设立多种荣誉称号，如"教学名师""科研标兵""优秀社会服务工作者"等，对在不同领域表现出色的教师进行表彰。通过隆重的颁奖仪式、校内宣传等方式，提升获奖教师的荣誉感和社会知名度。荣誉表彰不仅是对教师个人的肯定，也为其他教师树立了榜样，激发全体教师的工作热情。

（4）职业发展激励

为教师提供更多的职业发展机会，如晋升职称、担任学科带头人、参与学校管理等。根据教师的评价结果和发展潜力，选拔优秀教师晋升到更高的职称等级，赋予他们更多的学术和教学领导责任。同时，鼓励教师参与学校的管理决策，发挥教师在学校发展中的主体作用，增强教师的责任感和归属感。

（5）人文关怀与团队建设激励

加强对教师的人文关怀，营造良好的校园文化氛围。关心教师的工作和生活压力，组织丰富多彩的文化活动、团队建设活动等，缓解教师的工作疲劳，增强教师之间的情感联系和团队凝聚力。例如，定期举办教师运动会、文艺晚会、户外拓展等活动，让教师在轻松愉快的氛围中感受到学校的关怀和温暖。

（五）打造教师专业发展指导队伍

高校教师在专业背景、教学经验、研究兴趣等方面存在差异，其专业发展需求各不相同。打造一支专业的教师专业发展指导队伍，能够为教师的成长提供有针对性的支持和引导，是加强高校教师队伍建设的关键举措。

1.专业发展指导队伍构成

（1）校内资深教师

校内资深教师是指导队伍的核心力量。他们在本校长期从事教学和科研工作，熟悉学校的教育教学环境和学科发展情况。这些教师具有丰富的教学经验，能够在课程设计、教学方法运用、课堂管理等方面为年轻教师提供实用的建议。在科研方面，他们了解学科前沿动态，掌握科研项目申请和开展的技巧，可以指导教师选择有价值的研究课题，并在研究过程中给予技术指导。

（2）学科专家

邀请校外学科专家加入指导队伍，可以为教师带来更广阔的视野和前沿的学术信息。学科专家在本学科领域具有较高的知名度和影响力，他们能够从宏观角度把握学科发展趋势，为教师的科研方向和学术研究提供战略性指导。同时，他们可以将国际国内先进的教学理念和方法引入学校,帮助教师更新教育观念,提升教学水平。

（3）教育教学专家

教育教学专家专注于教育理论和教学方法的研究,他们熟悉教育心理学、课程与教学理论等领域的知识。这些专家可以为教师提供关于教育教学原理的指导,帮助教师理解学生的学习特点和心理需求,优化教学设计和教学评价。例如,指导教师如何根据学生的认知规律设计教学环节,如何运用多样化的评价方式促进学生学习等。

（4）优秀骨干教师

优秀骨干教师是教师队伍中的佼佼者,他们在教学和科研实践中取得了显著成绩。这些骨干教师能够以自身的成长经历为案例,为其他教师提供实际可行的发展建议。他们与被指导教师处于相似的工作环境中,更能理解教师在日常工作中面临的实际问题,其经验具有很强的借鉴意义。

2.教师专业发展指导队伍的运作模式

（1）一对一指导

针对教师在教学、科研或职业发展方面的特定需求,安排指导队伍中的一名成员与教师进行一对一的指导。这种模式可以深入了解教师的具体情况,为教师提供个性化的发展方案。例如,为一位新入职的教师安排一名校内资深教师,从备课、上课、课后辅导等教学环节进行全程指导,帮助新教师尽快适应教学工作。

（2）小组指导

对于具有相似发展需求的教师群体,组织指导队伍成员开展小组指导。例如,对于一批准备申请科研项目的教师,可以由学科专家和骨干教师组成小组,为他们讲解科研项目申请的流程、技巧,指导他们撰写项目申请书,组织小组讨论,促进教师之间的交流和相互学习。

（3）工作坊与讲座

定期举办教师专业发展工作坊和讲座,由指导队伍成员担任主讲人。工作坊可以围绕特定的主题,如"课程思政教学方法""教育研究方法与论文写作"等,通过实践操作、案例分析等形式,让教师在参与中学习和提高。讲座则主要介绍学科前沿动态、教育教学理论等内容,拓宽教师的知识面。

（六）深化师德师风建设

高校教师的师风师德直接关乎学生的品德塑造、价值观形成和学业发展。教师具有高尚的道德情操,能以自身为榜样,潜移默化地引导学生树立正确的世界观、人生观和价值观。具有强烈责任感和敬业精神的教师会精心设计课程、认真备课、创新教学方法,以满足学生的学习需求。他们会积极参与教学改革,不断探索更有效的教育途径,从而提升整体教育质量。同时,秉持良好师德的教师在科研活动中也能坚守学术道德,追求真理,其科研成果更具可信度和价值，并且能将科研与教学有机结合，为学生带来前沿的知识和科学的思维方式。

1. 强化教师职业道德教育

（1）丰富教育内容

教师职业道德规范应与实际案例相结合，避免空谈，让教师深刻理解师德师风的内涵。除了讲解教育法规和职业道德准则外，通过引入本校或其他高校的正反两方面案例，如优秀教师的先进事迹和学术不端的警示案例，使教师能够从具体情境中认识到师德师风的重要性。同时，融入教育心理学、教师伦理等相关知识，帮助教师更好地处理教学和科研中的道德问题。

（2）创新教育方式

避免口头说教，采用多样化的教育方式，增强教育的吸引力和实效性。除了传统的讲座、培训外，还可以开展小组讨论、角色扮演、师德师风主题征文、演讲比赛等活动。例如，通过组织教师对热点师德问题进行小组讨论，激发教师的思考和参与度；利用角色扮演的方式，让教师模拟在面临道德困境时的决策过程，提高其应对实际问题的能力。

2. 完善师德师风评价机制

（1）建立多元评价主体

构建包括学生、同行教师、领导和社会等多元主体的评价体系。学生作为教学活动的直接参与者，对教师的师德师风有最直接的感受，可以通过学生评教、问卷调查、学生座谈会等方式收集学生对教师的评价；同行教师在教学和科研合作中能够观察到教师的行为，他们的评价具有专业性；领导评价可以从学校管理和学科发展的角度出发；社会评价则可以通过毕业生反馈、用人单位评价等途径获取，综合各方评价，全面、客观地反映教师的师德师风状况。

（2）细化评价指标

制定具体、可量化的师德师风评价指标。在教学方面，可以包括教学态度（如是否认真备课、按时上课、耐心答疑等）、教学公平性（如是否平等对待所有学生、有无歧视现象等）；在科研方面，涵盖学术道德遵守情况（如有无抄袭、剽窃等行为）、科研诚信（如数据真实性、项目执行情况等）；在师生关系方面，关注教师对学生的关心和指导程度、是否存在不正当利益关系等。根据这些细化的指标，对教师进行定期评价。

3. 加强师德师风监督管理

（1）建立监督网络

构建学校、学院、教研室三级监督网络。学校层面设立专门的师德师风监督机构，负责制定监督政策、协调各方资源；学院作为主要的执行单位，要定期检查教师的教学和科研行为，及时发现和处理师德师风问题；教研室内部教师之间相互监督，形成常态化的监督氛围。同时，畅通举报渠道，设立举报信箱、举报电话和网络举报平台，鼓励学生、教师和社会公众对发现的师德师风问题进行举报。

（2）严肃处理违规行为

对于违反师德师风的教师，要依据情节轻重，严肃处理。对于轻微违规行为，如偶尔的教学敷衍现象，可以采取批评教育、责令整改等方式；对于较为严重的学术不端、师德败坏等行为，要给予警告、降职、撤职直至解聘等处理，并在全校范围内通报，起到警示作用。同时，建立师德师风档案，将教师的违规行为记录在案，作为职称评定、评优评先等的重要参考依据。

4. 营造良好的师德师风氛围

（1）树立师德师风榜样

开展师德师风先进个人和集体评选活动，表彰那些在教学、科研和育人过程中表现突出的教师和团队。通过校园网、校报、宣传栏等多种渠道，广泛宣传他们的先进事迹，让广大教师学有榜样、赶有目标。例如，设立"师德标兵""优秀教师团队"等荣誉称号，组织获奖教师进行经验分享会，发挥榜样的示范引领作用。

（2）优化校园文化环境

营造尊重知识、尊重人才、崇尚师德的校园文化氛围。在校园建设中，融入师德师风元素，如在教学楼、图书馆等场所设置师德师风宣传标语、展示优秀教师风采的展板等。同时，学校领导要带头倡导良好的师德师风，在政策制定、资源分配等方面体现对师德师风建设的重视，引导全体教师自觉遵守职业道德规范。

第九章　赋权增能：高校基层教学管理人员的"困"与"解"

高校基层教学管理人员作为高校教学管理具体工作的执行者与实施者，其管理水平的高低与专业能力的发展直接影响高校的教学质量与人才培养质量。

基层教学管理人员是高校教学管理的直接践行者，肩负着众多繁杂却又极为关键的任务。于教学计划的施行层面，基层人员精心细致地编排课程表，全方位考量教师资源、教室安排、课程衔接等众多方面的因素，力保教学秩序得以有条不紊地推进。于教学质量的监控环节，他们踊跃收集教学进程当中的各类信息，借由组织学生评教、深入课堂听课、检查教师教案等多元方式，为教学质量的评估提供丰富翔实的数据支撑。

基层教学管理人员亦是师生之间沟通交流的桥梁纽带。他们一方面将教师在教学过程中遭遇的困难与需求，像是教学设备的更新换代、教学资源的合理调配等，及时地反馈给学校的相关部门；另一方面把学生的学习状态、意见看法和诉求愿望传递给教师，有力地促进教学相长。与此同时，在教学管理创新举措的推行进程里，基层人员凭借对一线教学状况的深度洞悉，能够给出契合实际的建设性意见，并负责将创新理念转化为具体且具备可操作性的实际行动，于高校教学管理朝着现代化、高效化迈进的道路上发挥着坚实有力的推动促进作用。

一、新时代高校发展对基层教学管理人员提出的新要求

（一）教育理念更新方面

1. 以学生为中心理念的深化理解与实践

深入理解学生需求：新时代高校强调以学生为中心，基层教学管理人员需要真正了解学生的多元化需求。这包括不同学习风格、兴趣爱好、学

业水平和职业规划的学生对教学内容、教学方法、教学资源的独特需求。

推动个性化教学支持：积极协助教师开展个性化教学。管理人员要参与课程设计和教学安排中，为教师提供学生信息，帮助教师根据学生特点调整教学策略。比如，为实施分层教学或小组学习的教师调配合适的教室资源，确保个性化教学能顺利开展。

2. 创新教育和终身学习观念的融入

支持创新教学方法的应用：随着教育创新的推进，新的教学方法如线上线下混合式教学、虚拟现实教学等不断涌现。基层教学管理人员需要熟悉这些创新教学方法，并在教学安排和资源管理中给予支持。例如，在安排混合式教学课程时，要协调好线上平台使用时间、线下教室安排和教学设备的配备，保障教学活动的连贯性。

促进终身学习氛围的营造：认识到高校是学生终身学习旅程中的重要一站，要为学生的持续学习创造条件。这包括协助学校建立和完善继续教育课程体系，合理安排面向社会人员的课程时间和资源，同时鼓励在校学生参与跨学科、跨专业学习，培养终身学习意识。

（二）信息技术应用能力方面

1. 教学管理信息化系统的熟练操作与维护

精通信息系统功能：熟练掌握学校使用的教学管理信息化系统，包括学生信息管理、课程安排、成绩管理、教学评价等模块。能够高效地利用这些功能完成日常管理工作，如准确录入学生信息、快速生成课程表、及时处理成绩数据等。例如，在每学期开学前，利用系统迅速完成复杂的课程安排工作，确保不出现时间冲突和资源浪费。

保障系统稳定运行：具备一定的信息系统维护能力，能及时处理常见的系统故障。当出现数据丢失、系统卡顿等问题时，能够迅速与技术部门沟通或采取初步的解决措施，保证教学管理工作不受影响。同时，能根据实际工作需求，向技术开发人员提出系统改进建议，提高系统的适用性。

2. 提升大数据和人工智能技术在教学管理中的应用能力

利用大数据辅助决策：学会收集和分析教学管理中的大数据，如学生学习行为数据（在线学习时长、作业完成情况、图书馆借阅记录等）、教师教学效果数据（学生评教结果、课程考核成绩分布等）。通过对这些数据的挖掘，为教学资源调配、教学质量改进和课程改革提供有价值的决策依据。

引入人工智能提高效率：探索人工智能在教学管理中的应用潜力，如利用智能排课系统提高课程安排的合理性和效率，或者使用智能答疑系统协助教师回答学生的常见问题。同时，关注人工智能对教学管理可能带来的伦理和隐私问题，确保数据的安全使用。

（三）综合素质提升方面

1.跨学科知识储备与应用能力

广泛涉猎跨学科知识：高校学科融合发展趋势要求基层教学管理人员具备跨学科知识。了解不同学科的基本理论、课程体系和教学方法，以便更好地协调跨学科课程、教学团队和研究项目。

运用跨学科知识解决问题：在教学管理工作中，运用跨学科思维解决复杂问题。如在处理涉及工程学和管理学的实践教学基地建设问题时，综合考虑工程技术要求和管理运营模式，提出更全面的解决方案。

2.沟通协调与团队合作能力的强化

多维度沟通能力：与不同角色的人员进行有效沟通，包括教师、学生、学校领导、家长以及校外合作单位等。在与教师沟通时，要理解他们在教学中的困难和需求；与学生交流时，要耐心倾听他们的意见和问题；与学校领导汇报工作时，要清晰准确地传达教学管理情况和建议；与家长沟通时，要客观反馈学生的学习状态；与校外合作单位合作时，要维护学校利益，争取有利的合作条件。

积极参与团队合作：积极融入学校的教学管理团队，与同事密切协作。在课程改革、教学评估等工作中，与其他管理人员、教师共同完成任务。例如，在组织大型教学评估活动时，与同事分工负责不同环节，如数据收集、资料整理、现场组织等，确保评估工作顺利进行。

（四）服务意识与创新能力方面

1.主动服务意识的增强

积极回应师生需求：主动关注师生在教学过程中的需求，将服务意识贯穿于教学管理工作的每一个环节。无论是教师对教学资源的需求，还是学生对学习指导的请求，都能及时响应并提供有效的帮助。例如，当学生对选课有困惑时，耐心解答并提供个性化的选课建议。

优化服务流程和质量：不断反思和改进教学管理服务流程，去除烦琐环节，提高服务质量。通过简化办事程序、建立一站式服务平台等方式，为师生提供便捷高效的服务。例如，整合学生学籍管理、成绩查询、证书办理等业务，实现线上一站式办理，减少师生的办事时间和精力成本。

2.管理创新能力的培养

创新教学管理模式：敢于尝试新的教学管理模式，以适应新时代高校发展的需要。例如，探索学分制改革下的更加灵活的课程管理模式，或者在实践教学管理中引入企业化管理模式，提高实践教学的质量和效率。

提出创新管理建议：基于对教学管理工作的深入理解和实践经验，提出具有创新性的管理建议。这些建议可以涉及教学资源的创新利用、教学评价体系的改进、师生激励机制的完善等方面，为学校教学管理的改革和发展提供新的思路。

二、高校基层教学管理人员赋权增能的内涵及意义

（一）赋权增能与高校基层教学管理人员赋权增能

美国学者巴巴拉·索罗门在其 1976 年出版的《黑人的增强权能：被压迫社区里的社会工作》一书中首先提出增强权能的概念，并在日后的社会工作界被广为接受。在教育领域，1986 年莱特富在《论学校教育中的善：赋权增能的主题》中第一次使用赋权增能理论，强调"教师专业化"与"教师赋权增能"，要求赋予教师应有的权利与权力，以提高教师的专业能力与自我发展。

伴随教育教学改革，赋权增能理论对于教师的适用性愈发得到关注，较多学者聚焦影响教师发展的外部因素，主张通过外部赋权，强化教师的专业素养，提升教师的专业地位，增强教师的主动性和自主性。国内外学者对教师赋权增能的内涵提出了不同的研究，有学者强调"教师增能、解放、自主、影响、领导、权威、责任、自尊、自我效能和专业成长等"；有学者从"参与决策、专业成长、专业地位、专业自主权、教师的影响力、教师自我效能感"六个维度阐释其内涵。

尽管教师赋权增能没有标准化的内涵，但梳理来看，比较统一的是都强调了动态化的过程及权能的获取方式：自组织与他组织。高校基层教学管理人员赋权增能是指伴随高校发展对高校教学管理工作提出的新要求、高要求，基层教学管理人员在工作实践中显生出各类问题，为增强其主动性与自主性，激发其工作动力，挖掘其工作潜能，提升其工作水平，使其获得自我效能与职业成长，从内通过转变工作意识、强化专业训练、学习前沿理论等方式，使其自主获取职业发展机会；从外通过高校健全岗位责任、创新考核机制、注重人文关怀等方式，给予其尽可能多的选择性与参与性的动态过程。

（二）赋权增能对高校基层教学管理人员的意义

基弗认为："赋权增能可提升正向的自我概念及自我认知，增强其自信，使其获得更多的政治及社会资源。"从理论而言，赋权增能是为个体或组织提供相对平等民主获取资源的机会，并通过行动挖掘自身潜能，增强其环境适应能力的动态过程。

新时代背景下，高质量发展成为高等教育工作的重要目标和行动指南，高校教育开启了新的发展征程，作为高校核心工作的教学管理工作同样迎来了新的挑战。基层教学管理人员是高校教学管理具体工作的执行者与实施者，其管理水平的高低与专业能力的发展直接影响

高校的教学质量与人才培养质量。从实践上来说，高校基层教学管理人员的赋权增能是在充分尊重该群体的基础上，肯定其工作意义与工作价值，通过判断、分析该群体工作"困"之因，而采取对应"解"之策，给予其更多更充分的角色权与选择权，促进其专业发展、提升其管理水平、打通其发展路径，从而达到以基层教学管理人员的个体进步与发展促进高校教学管理工作水平的整体提升。

三、高校基层教学管理人员之"困"

教学管理工作的科学化、规范化开展是高校育人培养目标实现的重要前提，充分重视基层教学管理人员的发展，注重其专业度，提升其工作水平，能够为促进高校教学工作整体的高质量开展提供坚实基础。高校基层教学管理人员的工作包含统筹教学任务、组织教学过程、协调教学资源、规范教学行为、监测教学效果、解决教学困难等方面，其工作贯穿高校整个教学流程。因工作涵盖面广、工作强度大、综合素质要求高，高校基层教学管理人员在实际工作过程中显生出各种问题与矛盾，为解其"困"，需探析其"象"。

（一）"困"之象

1.理念闭塞、墨守成规

当前，我国高校教学管理的工作核心理念由"重管理、重指令"转向了"重引领、重服务"，而在长期封闭管理思想的影响下，许多高校并未能跟随发展，总结出适应当下高等教育发展的管理方法，依旧照搬套用基础教育的管理经验，许多教学管理人员依旧难以转变陈旧思想，经验主义、教条主义的思维定式依旧存在于教学管理的方方面面。其一，教学管理人员虽知晓或认同当下高校"以师生为中心"的服务理念，却未真正领悟理念内涵，更未深入思考如何围绕这一理念开展自身工作实践，更多的仍旧是以完成指令性行政命令为主要工作；其二，教学管理人员的管理方法因循守旧，面对教学过程中产生的问题难以跳出经验主义，往往以不出错为宗旨，更不谈质疑与追寻创新，未真正追根溯源、深入思考，容易形成避错式、应付式的工作态度；其三，高校教学管理以事务性常规工作居多，加上工作显示度较低，管理人员创新观念严重缺乏，对现有工作的开展是否有必要进行、是否有必要改进等无细究，"存在即合理"观念根深蒂固。

2.案牍劳形、疲于应付

教学管理工作是高校管理工作的核心。教学管理人员需对接各职能部门，服务于教师与学生，其工作范畴宏观至承担教学规律研究、组织教学实施、稳定教学秩序等，微观至课程安排、科研申报、考试安排、学籍管理、工作量计算、整理教学档案等，贯穿整个教学流程。除此之外，还需承担发布通知、撰写教学新闻稿、组织召开师生座谈会等大量行政工作，工作多、压力大、任务重、事烦琐、易心烦，是教学管理工作的典型特点。在此特点之下，许多教学管理人员处于被动、消极状态，对工作难以保持热情，疲于应付，对所完成工作的质量也不大关心，进而不会主动探究教学管理规律、创新教学工作方法、提高管理工作效率、提升管理工作质量。

3.职业倦怠、乐天任命

人才培养是一项需要长期系统投入的工作，短期成果不易显现，教学管理人员的工作常以事务性工作居多，工作显示度较低，难以出彩，因而造成个人的获得感、成就感较低。许多高校基层教学管理人员在经历几年的教学管理工作磨炼后，常常产生职业倦怠，具体表现为：保守感增强、创新性缺失，以完成领导交办工作为目标，很难突破当前工作现状，更不用说创新工作思路与方法；进取心下降、学习性丧失，对个人成长及发展显得无能为力，不能主动积极开拓职业发展的途径；悲观情绪弥漫、公平感缺失，认为个人工作业绩好坏与职称、职务等个人成长方面关联不大，职业观、人生观极易扭曲，工作动机水平处于较低状态。此外，因缺少晋升和转岗机会、工作地位偏低等原因，许多高校基层教学管理人员对待工作情感衰竭，对于职业发展乐天任命，放弃主动争取个人成长。

（二）"困"之源

赋权增能理论通常认为，个体权能的缺乏是由于环境的压迫造成的，进而使个体产生无力感、无助感、疏离感和失去自控感。高校基层教学管理人员作为高校教学管理工作的直接实施者，其显生的"困"之象，除自身专业性缺乏外，更多的则来源于高校制度、体制等方面的欠缺。探究困境产生的源头，是为其赋权增能，使其获得成长的重要基础。

1.专业素养缺乏，知识结构单一

教学管理是专门岗位和专门技能的统一体，是一项具有专门知识与技能，且对综合素质要求较高的工作。尽管各高校认识到教学管理的重要性，教学管理岗位的入门要求也越来越高，但在岗位聘任上仍缺乏明确的选拔机制，尤其是在基层教学管理人员的配备上，相比于专业教师岗、辅导员岗等岗位的专业对应性，教学管理岗位的专业选择更为宽泛，造成了"人人皆能胜任"的现象，在人员配备上缺乏能够对教育教学进行研究、创新、发展等工作的前沿性人才。

高校基层教学管理人员现有的管理实践往往建立在传统方式的交接传承或对以往工作经验的总结上，普遍缺乏对现代教育学、心理学、管理学、行政学等学科的学习与理解，在教学规律研究与专业素养提升等方面存在明显缺失。尽管现有高校基层教学管理人员学历层次不断提升，但面对繁重的事务性工作，其本身所具备的专业知识难以与工作实践相融合，尤其是新上岗的教学管理人员在没有足够的工作经验支撑情况下，更难通过自身所长促进工作的开展与工作质量的提升。加之后续学习乏力、所获培训机会不够等原因，易造成教学管理人员的专业素养无法提升、知识结构无法拓展，现有掌握的知识所应达到的水平、发挥的功能与高质量完成教学管理工作的要求不一致。

2. 行政权力统一、管理制度僵化

高校教学管理权力整体表现为集中、封闭、僵化，教学管理体制不够完善。高校现行决策机构采取等级制的管理框架，行政权力统一，教学管理工作基本是通过上传下达的指令逐级完成，校长、教学分管领导具有教学制度和教学事务的最终决定权，而基层教学管理人员只是具体工作的执行者与实施者，基本不存在任何自主解决教学事务的权力。

此外，高校现有教学管理制度往往建立在对过往经验的总结或对其他高校现有制度的借鉴上，考虑到管理的高效性与可控性，管理制度过于重视整齐划一，工作的开展需要在既定的方案、规范、制度下进行，摒弃了质疑、批判及一些不同想法，缺少个性化，压抑了创新力。责任制的工作方式更使现有制度的规范难以突破，基层教学管理人员在面对刚化的管理制度下，往往选择避错式工作方法，工作难以取得突出成效。

3. 考核机制死板，工作动机不足

当前，各高校均在陆续探索或建立岗位绩效考核制度，但针对非教学人员尤其是基层教学管理人员的业绩考核目标尚不明确，普遍缺乏严格的与岗位相适应的考核标准与奖惩机制，各类指标主观性很强，考核流于形式、走走过场，缺乏对教学管理工作的推动与鼓舞，挫伤了基层教学管理人员工作的主动性与积极性。此外，许多高校的考核机制以纠错问责为目的，而非以树立工作高质量目标、提升工作高质量发展为长远目标，在此机制之下，许多高校基层教学管理人员工作"不求有功，但求无过"，甚至出现了"多做多错、少做少错、不做不错"的消极性工作态度。

同时，职位晋升上缺乏合理竞争，以学历、年龄、资历等为比照参数的干部培养体系无异于"温水煮青蛙"，令许多教学管理人员，尤其是青年教学管理人员容易对自身发展感到迷茫，对职业前途感到失望，加上转岗、升职难以实现，会造成工作动机不足、斗志丧失，进而影响工作质量。

四、高校基层教学管理人员"困"之"解"

（一）"解"之基

针对高校基层教学管理人员的赋权增能，取向应注重该群体本身是积极的主体，突出其本身的能力而非其存在的问题，更应注重基层教学管理人员与学校的合作伙伴关系。

1. 以人为本，制度先行

高校基层教学管理人员现存的问题很多源于工作程序与范式的一成不变，高校要充分认

识到基层教学管理人员对学校管理工作及学校发展的重要性，肯定其工作价值，建立一套科学的、责权利分明、协调一致的高校教学管理制度。在此基础之上，创新理念，以人为本，尊重个体差异，充分提倡基层教学管理人员立足自身所长，结合本职工作，研究工作规律、创新工作方法、提升工作质量。同时，通过创造不同平台促进基层教学管理人员的多元发展，在工作实践中允许不同意见或建议的出现，甚至允许一定范围的试错或出错，充分发挥其主观能动性，增强基层教学管理人员的主人翁情感，激发其积极地、创造性地投入工作，为高校高质量发展贡献一己之力。

2. 术业有专攻，有的放矢

教学管理人员专业化，是高校教学管理工作高质量开展的必然要求。基层教学管理人员专业化是充分肯定教学管理工作专业性、复杂性、技能性的表现，能够让基层教学管理人员树立职业自尊，对职业性质、职业动机及职业规划有明确的认知，更接纳自己的工作，易获得更多的认同感，激发工作积极性。高校要通过岗位培训、对外交流、在职进修等方式加强对基层教学管理人员专业化训练，加强其对教学管理工作的认识，端正工作态度、掌握工作技巧、激发工作信念。此外，要倡导基层教学管理人员积极从传统性的事务性工作向研究性工作转变，提高自身的工作定位，积极参与教学改革，主动学习教学政策、研究教学规律、探索工作方法、创新工作手段、提升工作质量，以专业化要求自我、提升自我。

（二）"解"之策

赋权增能的两个并列因素：赋权是手段，增能是目的，两者并不是完全对应的统一体，但都有两个基本的获取途径：自组织和他组织。赋权增能对于高校基层教学管理人员而言，并不是强调其必须具有一切权能，而是基于其工作特点、职业现状以及发展规划的要求，通过基层教学管理人员个体自愿、自主、自信与自我提升达到自组织，与此同时，通过高校这一外环境的改进达到他组织给予权能。

1. 树立职业自尊，加强自我认同

高校基层教学管理人员作为高校行政人员，虽不直接从事一线教学工作，但其工作付出对学校的建设发展同样有着重要作用，基层教学管理人员应拥有充分的角色自信，不可轻易贬低自我，需秉承"主人翁"意识，并在这一过程中主动承担自己应尽的责任和义务，紧紧围绕"对工作负责、对师生负责"的理念，不迎合、不退却、不消极，要加强对自我工作的认同，明确个人工作点滴成就也可助推高校的整体发展。此外，高校基层教学管理人员应树立职业信念和职业个性，通过工作经验积累、专业技能提升等方式，明确个人所长，规划职业发展路线，并为之努力奋斗。工作实践不能仅仅停留在经验的积累阶段，而要乘机进行专业提升和技能创新，如工作流程的改善、管理方式的改进、信息技术的改良等，以获得个人的长久性发展。

2. 健全岗位责任，改革工作分工

高校要根据教学管理的特点，跳出传统守旧的用人机制和固化死板的组织架构，自上而下对各级教学管理部门的岗位设置及所需人员进行梳理，明确规定教学管理人员的配备要求，并做到因岗定人，既不少设也不虚设，摒弃教学管理岗位"人人皆能胜任"的消极看法，从人员招聘到定岗定责，均应注重专业性、匹配性，用专业人做专业事。岗位职责的设置应科学规范并充分显示人文性，平级间注重分工合理、权责分明、协调配合，上下级间注重平等交流、沟通无碍、理解信任，避免刚化强硬的工作模式触发基层教学管理人员因害怕承担工作失误而犹豫徘徊、固步不前，限制工作激情与工作创新，影响工作效率与工作质量。同时，有关教学管理工作分工要大胆改革，避免"囚徒困境"的不利局面，高校应提供平台与机会，鼓励基层教学管理人员根据自身所长及职业规划在教学管理部门中轮岗，体验不同岗位所需，提升工作能力，激发工作潜能。

3. 柔性绩效考核机制，适度守旧与创新

客观公正地评价基层教学管理人员工作绩效，有效发挥考核的约束和激励作用，使其激发工作潜能，是建设高质量基层教学管理队伍的重要手段。高校现有的绩效考核内容往往内容比较单一，考核内容简单，不同职务、不同岗位的绩效考核区别不大，加上在绩效评估时，评估者往往以近期工作表现和成绩代替整个评估期的表现，考核结果往往难以科学、公正，这易导致基层教学管理人员的不满情绪，挫伤其工作积极性。基于此种情况，高校应大胆探索针对基层教学管理人员的多层次绩效考核方式，对于以往执行效果较好的制度予以保留，对于可改、能改、值得改的制度予以调整、创新，建立科学、规范、合理的高校基层教学管理人员业绩考核体系并采用行之有效的考核方法，激励基层教学管理人员求真务实，打破"干好干坏一个样"的"大锅饭"局面。

与企业、工厂不同，高校基层教学管理人员的产出量化能力不足，其服务周期的长短、管理研究的成果、人才培养的成效很难简单用量化指标体现，高校在制定制度的过程中，应在广泛征求意见、开展深层次调研上下足功夫，明确考核应包含哪些内容，哪些内容应该具体，哪些内容应该概括，避免指标层次偏低或偏高，使考核标准能够如实反映实际工作状况。同时，高校可通过将工作绩效与薪资提高、职称职务晋升、分配奖励等挂钩的方式，形成竞争上岗、能上能下的工作作风，为基层教学管理人员创造一个公平、公正、公开的发展空间，尤其是对教学管理改革做出突出贡献的管理人员要给予重点奖励，以提倡基层教学管理人员对本校教学管理改革提出积极的、有意义的建议，主动创新工作方式以取得工作实效，使基层教学管理人员增强自我效能感，发挥主人翁意识，敢想敢做，建立稳定的高水平工作动机，打破"工作懈怠"。

4. 完善专业培训，将管理、研究相结合

高校基层教学管理人员的"困"之象不仅受到个人主观意识、技能水平的影响，同时也

受到工作环境、工作机制等客观外部因素的约束，要明确认识到内外因，加以区分并对症下药，方可解决困之根本，有所长进。基层教学管理人员作为高校行政人员，尽管不实际从事一线教学工作，但其工作的专业与否都将直接影响高校教学工作的开展及育人目标的实现。因此，高校要重视教学管理队伍的建设，尽可能为教学管理人员提供培训机会，制定定期与不定期培训计划，使基层教学管理人员走上职业化、专业化发展道路，建立一支既懂高校教学管理基本理论又拥有较高业务管理水平，还能充分结合本校专业建设情况，善于开拓创新的教学管理队伍。

其一，专业培训应长期化、制度化，涵盖岗前培训、在职进修、对外交流、实践培养、自我学习等方面，使基层教学管理人员全面了解工作性质，强化责任意识、树立服务理念，掌握高校教学管理的基本理念及教学管理工作必备的基础技能，并在此基础之上凝练提升，在工作实践中将培训所得予以应用，创新工作思路，有效发挥培训效用。其二，高校的工作围绕教学展开，基层教学管理人员作为教学管理工作的直接实施者，应充分掌握高校教学开展的全流程，理解、熟知各阶段教学工作的内在含义。高校需立足工作实际，根据教学管理人员不同的工作职责范畴，提供机会使其参与人才培养方案制定、一线教学听评课、教学科研项目申报等教研类活动，或通过让基层教学管理人员发挥其学科专业性，承担公选课授课、开设公开讲座等方式，让其深入教学一线，通过亲身体验、观察、学习与体会，了解高校教学运行的实际情况，熟悉工作流程，掌握工作开展成效与不足，避免纸上谈兵、闭门造车。其三，高校要支持和鼓励基层教学管理人员结合教学管理工作实践，积极开展教学改革与教学管理研究，敢于运用创新性思维方式去观察、分析、解决问题。激励基层教学管理人员通过撰写教育管理类论文、参与完成相关课题、参加教学管理会议、与同行专家探讨教学管理理论与方法等方式，提升基层教学管理人员的科研水平，从交流学习中获得感悟，升华运用至工作实际，并以成果指导教学改革与管理实践。

5.加强文化引领，注重人文关怀

文化的作用是潜移默化、润物无声的，高校应充分重视教学文化的引领作用。

其一，基层教学管理人员作为高校教师队伍的重要一员，同样饱含教育情怀，对育人工作怀有热情。高校应充分尊重教学管理人员的工作地位，肯定其工作价值与工作意义，守护其职业自尊，倡导他们不忘育人初心，秉承热情与希望，在平凡岗位上为高校育人事业贡献一己之力。其二，高校要积极营造教学命运共同体的概念，无论是骨干教学管理人员，或是基层教学管理人员，其工作态度的端正与否、工作理念的专业与否、技能水平的高低与否，都将对高校整体教学工作产生影响，工作中要摒弃"多干多错、少干少错、不干不错"的消极态度，秉持对工作本身负责而非对领导负责的工作宗旨。其三，高校应充分尊重差异、追求真理，积极构造相互对话、勇于创新的工作环境，促进基层教学管理人员树立正确的职业观、价值观，增强教学管理人员的主人翁精神，敢于否定与质疑，敢于创新与探索，为学校建设出谋划、提意见。其四，高校可通过宣传、培训等方式，帮助教学管理者建立健康的教学文化，着重培养多元化人才文化，帮助基层教学管理人员在工作实践中认知自我，发现自我发展可能性，肯定自我、激发潜能，在工作中探索自我价值的实现。其五，高校需注重营造和谐的工作环境，对基层教学管理人员给予人文关怀与物质、精神支持，关注、维护基层教学管理人员的心理健康，工作中倡导平等关系，促进共同成长、共同进步，使基层教学管理人员充分感受到柔和愉悦的工作氛围，从而激发工作热情。校长、教学分管领导应经常性深入一线，通过实地调研、亲身参与工作、组织座谈会等形式，充分了解基层教学管理人员的需求，切实了解其工作状态，解决其工作困难。

参 | 考 | 文 | 献

[1] 吴岩. 教育管理学基础 [M]. 北京：清华大学出版社，2005.

[2] 孙锦涛. 教育管理原理 [M]. 沈阳：辽宁大学出版社，1999.

[3] 费岭峰. 怎么做教学管理 [M]. 上海：华东师范大学出版社，2023.

[4] 张冬梅. 教学管理概论 [M]. 北京：新华出版社，2014.

[5] 高健磊. 新时期高校管理与发展路径探索 [M]. 北京：中国政法大学出版社，2021.

[6] 肖川. 教育的理想与信念 [M]. 长沙：岳麓书社，2002.

[7] 高俊. 走向新时代的教学管理 [M]. 上海：华东师范大学出版社，2022.

[8] 刘萍萍，何莹. 现代高校教育教学管理现状与创新发展 [M]. 北京：中国原子能出版社，2022.

[9] 郭璨. 变革与重构：面向泛在学习时代的高校教学管理制度 [M]. 成都：西南交通大学出版社，2021.

[10] 许轶颖. 新时期高校教学管理创新 [M]. 哈尔滨：哈尔滨工程大学出版社，2023.

[11] 郭优，张欣欣，贾晓泳. 高校教育教学管理与实践研究 [M]. 延吉：延边大学出版社，2023.

[12] 薛来军. 高校教育教学管理创新研究 [M]. 长春：吉林出版集团股份有限公司，2023.

[13] 于温. 高校教学管理与素质教育研究 [M]. 北京：中国原子能出版社，2022.

[14] 高建勋. 高校行政管理：理念与路径 [M]. 武汉：武汉理工大学出版社，2024.

[15] 闫玉洁，邹林. 高校行政管理与人力资源管理研究 [M]. 北京：中国商务出版社，2023.

[16] 胡智锋，樊小敏. 中国融合教育的发展、困境与对策 [J]. 现代教育管理，2020（2）：1-7.

[17] 梁玉成，张硕辰. 数字智能转型时代我国高等教育专业布局变革研究 [J]. 青年探索，2024（6）：55-68.

[18] 罗曼. 基于当代教育理念的教育管理策略初探 [J]. 中国教育学刊，2023（S1）：42-44.

[19] 徐伟. 宏观教育理念下的高校教育教学管理策略 [J]. 吉林省教育学院学报，2023，39（7）：62-66.

[20] 牧晓阳. 基于人本化理念的高校教育教学管理策略 [J]. 吉林广播电视大学学报，2023（1）：70-72.

[21] 郑刚，宋晓波. 自觉内生型：中国教育现代化的新特征 [J]. 中国教育学刊，2023（5）：

9-15.

[22] 李培彤，陈时见. 中国教师教育现代化的战略逻辑与发展路径 [J]. 教师教育研究，2024，36（4）：1-6.

[23] 郑文燕. 以人为本理念下高校教学管理模式创新探索 [J]. 吉林省教育学院学报，2024，40（11）：110-114.

[24] 孙跃. 应用型人才培养体系建构研究 [M]. 武汉：华中科技大学出版社，2021.

[25] 周海涛，林思雨. 高等教育强国视域下高校教学改革的逻辑和路径 [J]. 内蒙古社会科学，2024，45（5）：40-46+221.

[26] 向琼，李思玲，林仕彬. 建构主义视域下学习力导向教学改革的探索与实践 [J]. 教育与职业，2023（23）：95-100.

[27] 马廷奇. 高等教育教学改革与质量保障 [M]. 武汉：武汉大学出版社，2017.

[28] 陆根书，李运福. 数智技术赋能高校内部质量保障体系建设 [J/OL]. 西安交通大学学报（社会科学版），1-11[2024-12-02]. http：//kns.cnki.net/kcms/detail/61.1329.C.20241030.1712.002.html.

[29] 王少华. 高职高专学校教育教学质量保障运行机制研究 [J]. 教育理论与实践，2024，44（24）：28-31.

[30] 封杰，郝文武，郭文斌. 高校教师教学质量评价的问题与改进 [J]. 中国大学教学，2024（3）：64-69+77.

[31] 叶晓力，夏玲丽，蔡敬民. 高校本科教学督导的现状、问题与改进策略 [J]. 中国考试，2024（3）：37-45.

[32] 文学运，王秀珍. 地方本科院校教学督导工作中需处理好几个关系 [J]. 教育探索，2016（9）：92-94.

[33] 华霞，王芬. 高效教学模式体系与教学质量保障体系构建研究 [M]. 长春：吉林出版集团股份有限公司，2023.

[34] 余小波，陈怡然，沈晓岚，等. 新时代教育评价改革研究 [M]. 北京：中国社会科学出版社，2024.

[35] 赵炬明，高筱卉. 关注学习效果：建设全校统一的教学质量保障体系——美国"以学生为中心"的本科教学改革研究之五 [J]. 高等工程教育研究，2019（3）：5-20.

[36] 徐硕，侯立军. 系统论视角下高校教学质量保障体系构建的举措 [J]. 黑龙江高教研究，2019，37（3）：137-140.

[36] 李洁. 高校二级学院治理：逻辑起点、困境及路径选择 [J]. 遵义师范学院学报，2024，26（2）：44-47.

[38] 徐金海，周玲利. 新时代提升校长教学领导力的关键举措 [J]. 人民教育，2024（8）：47-50.

[39] 何淑通. 高校管理人员专业发展研究 [M]. 南京：南京大学出版社，2018.

[40] 朱旭东. 教师专业发展理论研究 [M]. 北京：北京师范大学，2011.

[41] 郭建鹏，刘公园，张晴，等. 为何而教：我国高校教师教学动机的类型与作用 [J]. 教育发展研究，2024，44（Z1）：17-31.

[42] 罗尧，杨圆方. 应用型大学青年教师专业发展的影响因素及策略研究 [J]. 北京联合大学学报，2024，38（6）：44-48.

[43] 吴莉. 地方高校教师教育教学能力提升的价值意蕴与路径 [J]. 榆林学院学报，2024，34（6）：124-128.

[44] 张晓寒，陈雅雯. 师生双视角下高校青年教师教学能力的表现及发展机制研究 [J]. 黑龙江教师发展学院学报，2024. 43（11）：17-22.

[45] 邓军，何芬芬，王彩萍. 发展新质生产力背景下高水平教师队伍建设：应为、难为、可为 [J]. 中国大学教学，2024（8）：4-9+15.

[46] 程飞. 邹彬. 高校学生工作管理创新模式研究 [M]. 北京：北京燕山出版社，2023.

[47] 孙思. 高校学生教育管理模式的变革与创新 [J]. 山西财经大学学报，2024，46（S1）：253-255.

[48] 胡爱祥，钱平，盛晟. 高校学生管理协同治理的困境与学生管理高质量发展新路径 [J]. 江苏高教，2022（12）：64-68.

[49] 周亚芳. 场域视角下高校基层行政管理人员自我认同危机与消解 [J]. 黑龙江高教研究，2019，37（12）：29-33.

[50] 陈武元，胡科. "双一流"建设背景下的高校行政管理人员能力提升研究 [J]. 现代大学教育，2018（3）：79-85.

[51] 俞亚萍，强浩. 我国高校管理文化：生成来源、现实困境与优化路径 [J]. 江苏高教，2017（12）：39-42.